MACHINE LEARNING

25시간만에 배우는 머신러닝 예제

파 이 썬 활 용

김 준 석 / 김 상 권 / 한 현 수 / 김 영 록

이모션미디어

25시간만에 배우는
머신러닝 예제 : 파이썬 활용

초판인쇄 2018년 1월 31일
초판발행 2018년 1월 31일

지 은 이 김준석 · 김상권 · 한현수 · 김영록

발 행 처 (주)이모션티피에스 TEL : 02-2263-6414 / 홈페이지 : www.emotiontps.com
펴 낸 곳 이모션미디어
주　　소 서울시 중구 퇴계로41길 39, 3층 302호(정암프라자)
등　　록 2016년 10월 1일 제571-92-00230호
전　　화 02)2263-6414 | **팩스** 02)2268-9481
이 메 일 emotion-books@naver.com
홈페이지 www.emotionbooks.co.kr

ISBN 979-11-88145-32-4
값 15,000원

이 도서의 국립중앙도서관 출판예정도서목록(CIP)은 서지정보유통지원시스템 홈페이지(http://seoji.nl.go.kr)와 국가자료공동목록시스템(http://www.nl.go.kr/kolisnet)에서 이용하실 수 있습니다. (CIP제어번호 : CIP2018000593)

머리말

인공지능, 머신러닝은 많이 들어본 단어이지만 초보자에게는 쉽게 이해하기 힘든 내용이었다. 어떻게 하면 쉽게 머신러닝의 원리를 이해 할 수 있을까 해서 이 책을 쓰게 되었다. 많은 내용을 다루는 것보다 핵심적인 내용을 단기간에 배울 수 있도록 구성하였다. 구체적으로는 MNIST 손글씨 데이터를 인식하는 알고리즘을 집중적으로 소개할 것이다. 좀 더 자세하고 깊이 있는 내용은 관련 참고문헌을 찾아서 학습하면 좋겠다. 본 도서는 25시간 만에 배우는 머신러닝 예제: MATLAB 활용의 파이썬 버전이다. 이 책은 고려대학교 BK21 PLUS 사업의 지원을 받아서 집필되었다.

차 례

장 1

Python 기초

이 장에서는 파이썬 (Python) 설치 방법과 본문에서 주로 사용하는 파이썬 기본 표현 및 함수들을 소개하겠다.

제 1 절 파이썬 설치하기

파이썬 공식홈페이지에 들어가 직접 다운로드를 받아도 되지만 그렇게 되면 사용할 패키지들을 일일이 다운받아야 하는 불편함이 있다. 이러한 문제를 해결하기 위해 우리가 사용할 수 있는 것이 배포판 프로그램이다. 우리는 파이썬 배포판중 하나인 아나콘다를 설치하여 사용할 것이다. 아나콘다는 Continuum Analytics 에서 만든 파이썬 배포 버전으로 400개 이상의 파이썬 패키지를 포함하고 있다. 이 책에서는 파이썬 3.6버전을 사용하였다. 프로그램을 다운로드하기 위해 아래의 주소로 접속한다.

https://www.continuum.io/downloads

본인의 PC에 맞는 운영체제를 선택하여 다운로드를 한다. 이 책에서는 윈도우 운영체제를 기준으로 설명하겠다. [그림 1.1]을 보면 32_bit와 64_bit가 있으며 본인의 PC에 설치된 운영체제에 맞게 선택한다. 프로그램을 다운로드한 후에 실행시켜 설치를 시작한다.

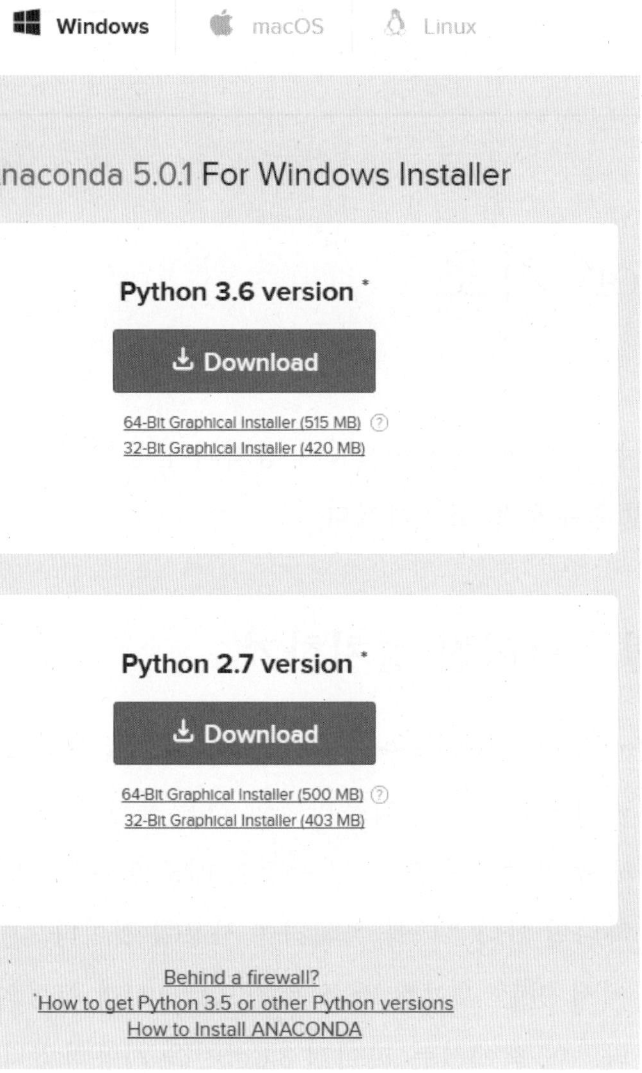

그림 1.1: 프로그램 버전 선택 화면

이제 본격적으로 아나콘다 프로그램 설치가 시작한다. 'Next'를 클릭하여 다음 단계로 넘어간다.

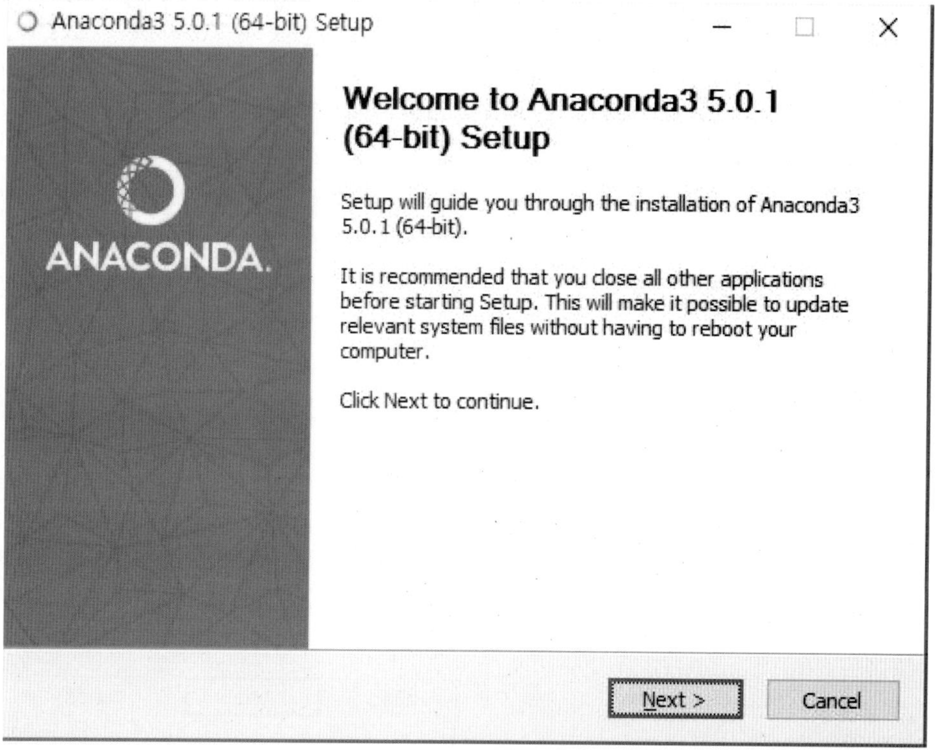

그림 1.2: 설치 초기 화면

프로그램 라이센스의 약관에 대한 동의하는 내용이다. 'Next'를 클릭하여 다음 단계로 넘어간다.

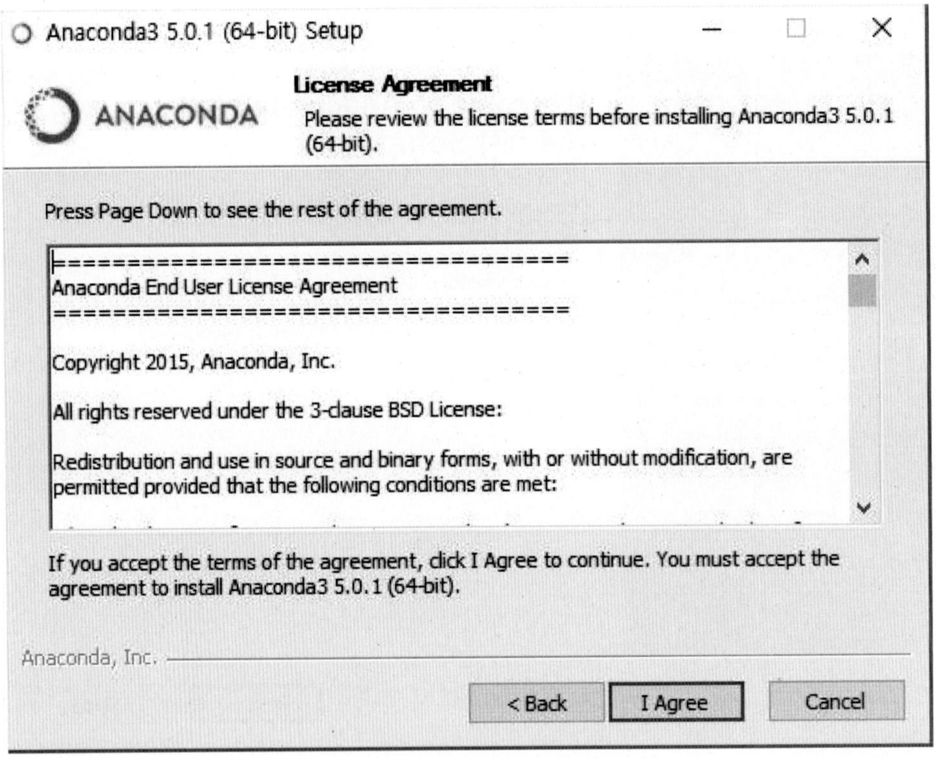

그림 1.3: 라이선스 동의

설치유형을 선택하는 부분이며 'All Users'를 선택하고 'Next'를 클릭하여 다음 단계로 넘어간다.

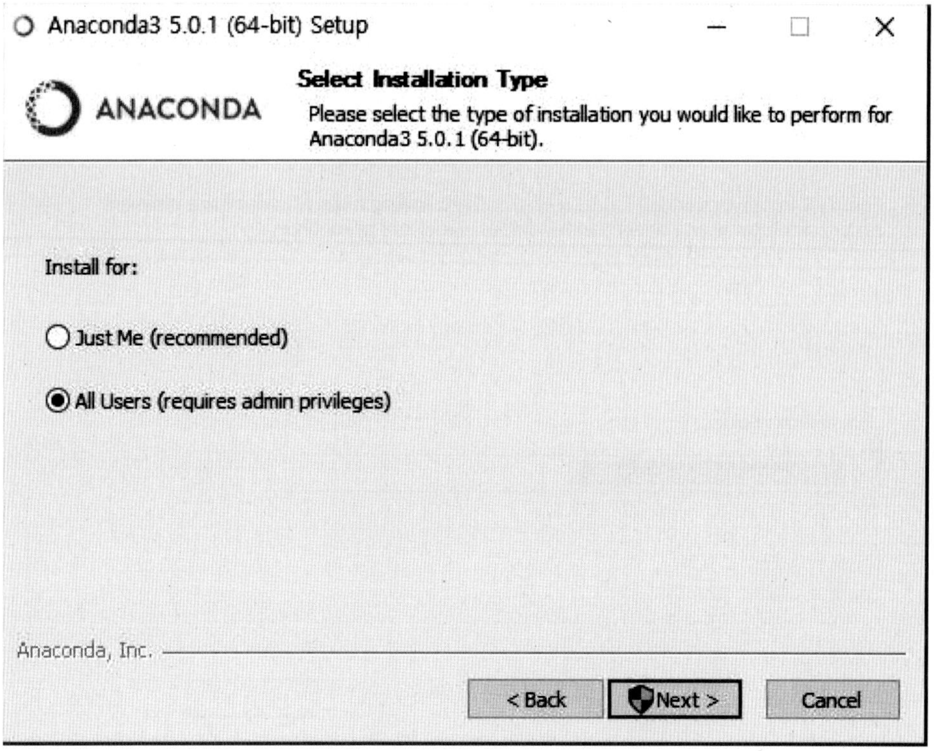

그림 1.4: 설치 유형 선택

아나콘다를 설치할 위치(폴더)를 정해주는 부분이며 원하는 위치를 지정한 후 'Next'를 클릭하여 다음 단계로 넘어간다.

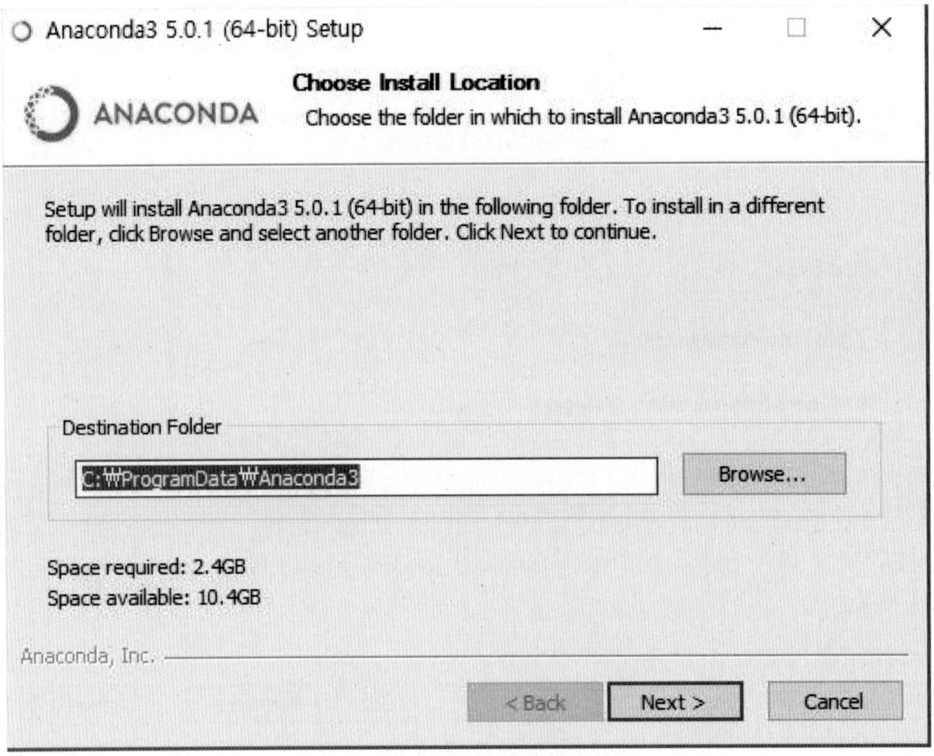

그림 1.5: 설치할 폴더 지정

추가 옵션을 선택하는 부분으며 모두 선택한 후 'Install' 클릭하여 설치를 진행한다.

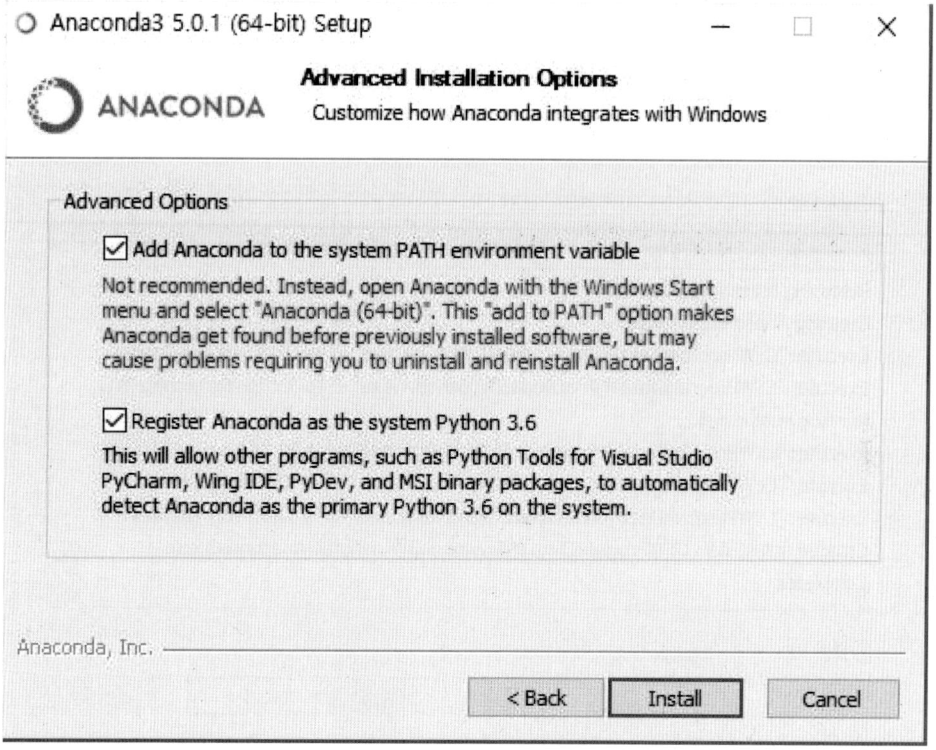

그림 1.6: 설치 버튼

다음과 같은 화면이 나왔다면 정상적으로 설치가 완료된 것이다. ‘Next’를 클릭하여 다음 단계로 넘어간다.

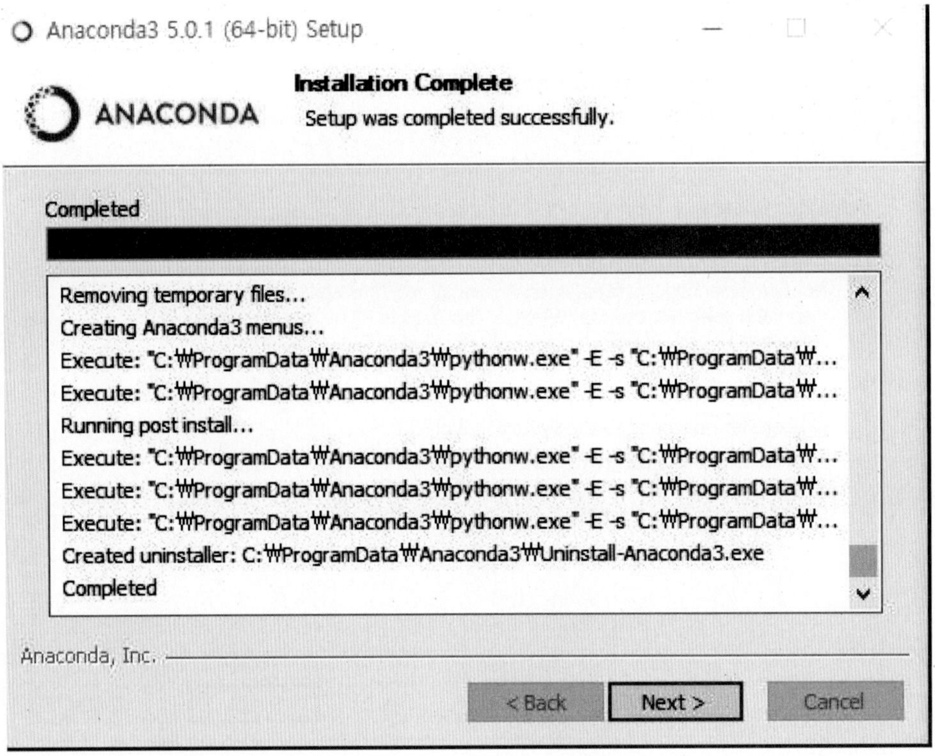

그림 1.7: 설치 완료 창(1)

아나콘다 설치가 완료 되었다. 'Finish'를 클릭하여 설치 창을 완료한다.

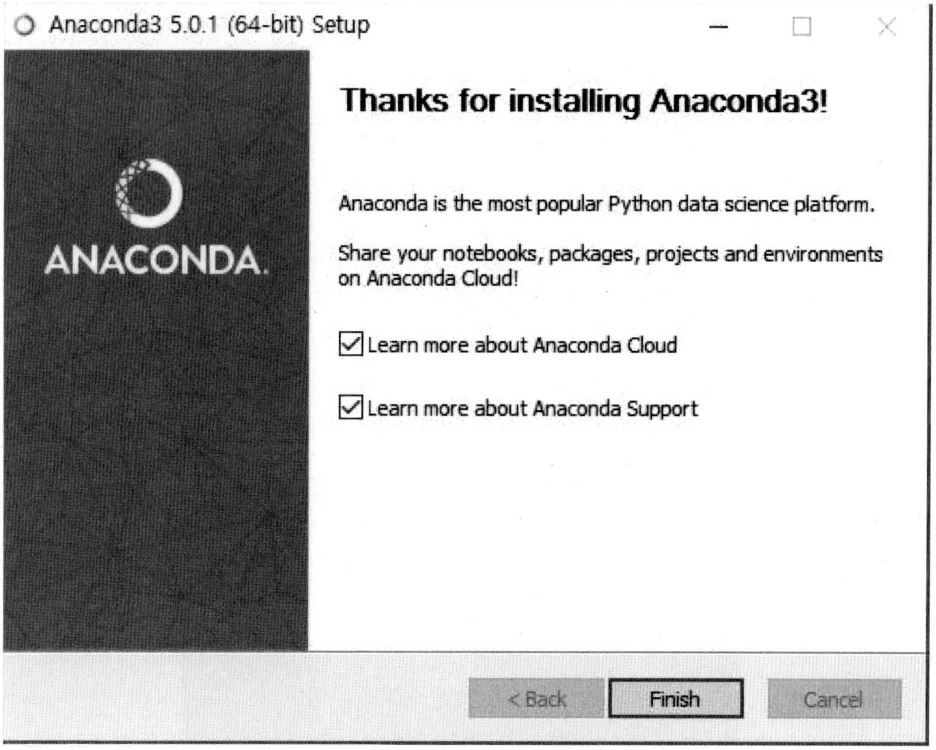

그림 1.8: 설치 완료 창(2)

앞으로 우리가 작성할 코드들은 파이썬 에디터인 Spyer를 이용할 것이다. 윈도우 ⇒ Anaconda3(64-bit) ⇒ Spyder를 클릭하여 실행한다.

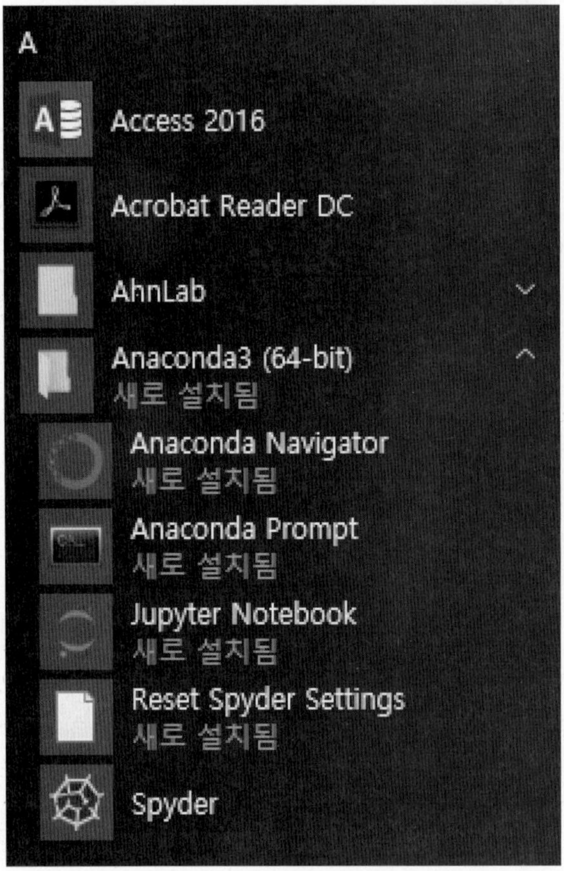

그림 1.9: Spyder 실행

Spyder를 실행하면 다음과 같은 창이 나타난다. 이 프로그램에서 좌측 창은 우리가 코딩을 할 에디터창이며, 우측하단 창은 결과를 출력해주거나 간단한 명령어를 실행시키창인 콘솔창이다.

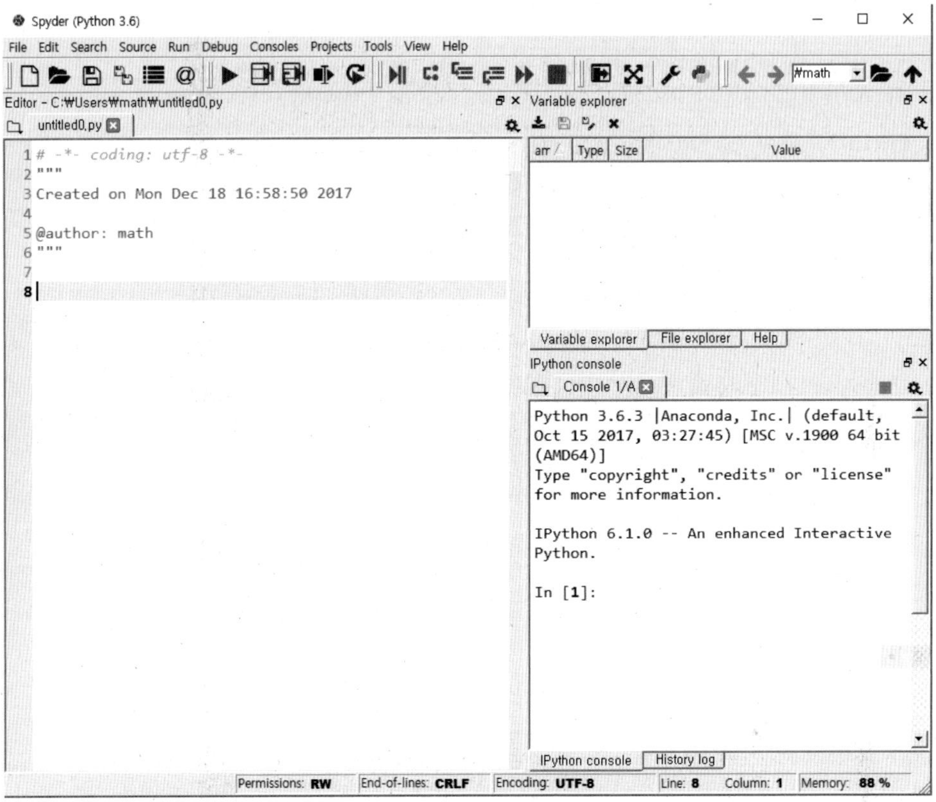

그림 1.10: Spyder 화면

간단한 코드를 작성해보자. 콘솔창에 'Hello, World'라는 문구를 출력하는 코드를 작성하여보자. 뒤에서 설명하겠지만 문구를 출력하기위해 'print()'라는 명령어를 사용한다.

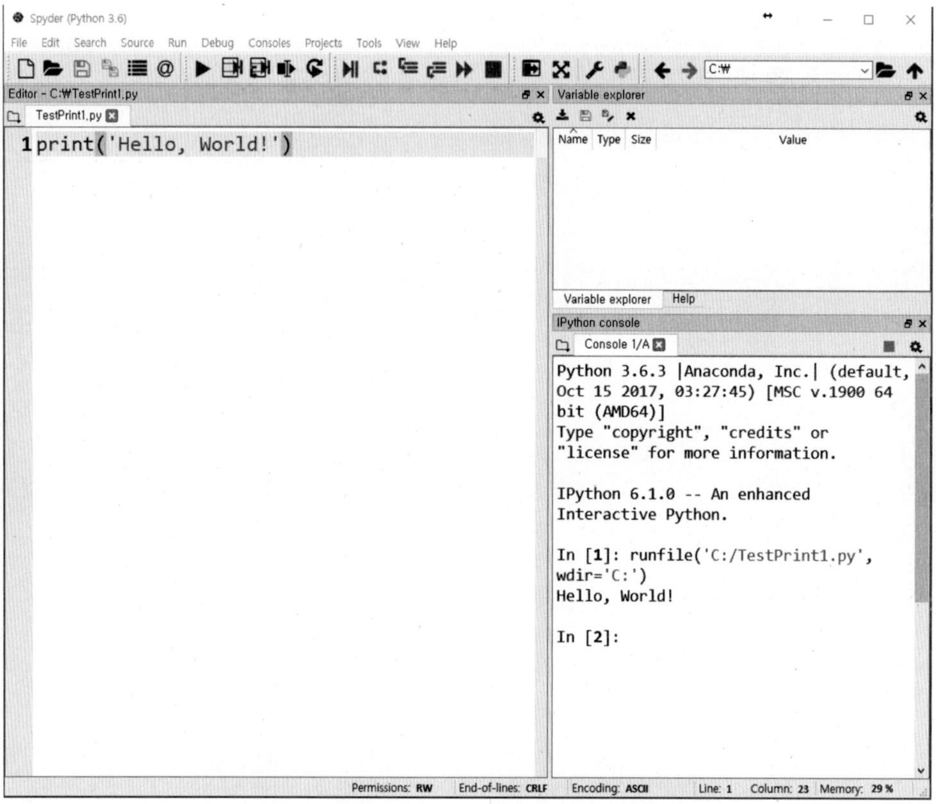

그림 1.11: 간단한 코드 작성하고 실행하기

위와 같이 코드를 작성하고 F5를 누르면 파일을 저장하는 창이 나타나고 파일의 이름과 저장할 위치의 폴더를 정하여 저장한다. 그 후에 다시 F5를 눌러 실행하면 위와 같은 결과 출력된다.

제 2 절 기본 명령어

모듈 (import, from import, as)

모듈은 코딩을 할 때 필요한 내용을 처음부터 끝까지 작업하기 어렵기 때문에 코딩을 부분화 하여 미리 만들어 놓은 파일이다. 코딩 작업을 할 때 모듈 안에 있는 함수를 사용하기 위해 미리 모듈을 불러와야한다. 따라서 모듈을 불러오는 방식에 대해 알아보자.

```
import 모듈명
: 모듈을 불러오는 기본 방식
from 모듈명 import array
: 모듈에서 특정함수만 불러오는 방식
from 모듈명 import *
: 모듈의 모든 함수를 불러오는 방식
import 모듈명 as 모듈명약자
: 모듈을 불러오며, 모듈을 사용 할때 모듈명 약자를 사용하는 방식
```

대표적으로 많이 사용하는 'numpy' 모듈과 배열을 만드는 'array'함수를 사용하여 모듈을 불러오는 방식에 따라 모듈을 사용하는 방법을 알아보겠다. 기본적으로 '모듈명.함수명()'으로 사용한다.

```
import numpy
print(numpy.array((1,2,3)))
```

'array'함수를 불러왔기 때문에 모듈명을 생략하여 '특정함수명()'와 같이 사용한다.

```
from numpy import array
print(array((1,2,3)))
```

'numpy'모듈에 있는 모든 함수를 불러왔기 때문에 모듈명을 생략하여 '함수명()'와 같이 사용한다.

```
from numpy import *
print(array((1,2,3)))
```

'numpy'모듈명을 'np'라는 약자로 선언하였으므로 '모듈명약자.함수명'으로 사용한다. 여기서 약자는 공동어로 정해져 있는 경우가 많으므로 조심히 사용하여야한다.

```
import numpy as np
print(np.array((1,2,3)))
```

위의 코드들의 결과는 다음과 모두 같다.

```
[1 2 3]
```

print()

'print(출력내용)'은 기본 구조이며, 여러 변수, 상수, 문자, 문자열 등을 출력할 때 사용한다.

```
print('Hello, World!')
```

위의 코드는 문자열(Hello, World)을 출력하게 된다. 문자를 출력하기 위해서는 문자열 양 끝에 작은 따옴표(‘’)를 붙여주어야 한다.

상수, 변수 그리고 배열은 출력하는 C 언어 스타일의 출력 방식과 새로운 스타일의 출력방식이 있다.

```
import numpy as np
print('x=',10)
y=20
print('y=',y)
print('y= %d'%y)
z=np.array((1,2,3))
print('z=',z)
print('z=[%d %d %d]'%tuple(z))
```

상수는 작은따옴표를 제외하고 상수만 입력하면 출력이 된다. 변수와 배열은 두 가지 스타일의 출력 방법이 있으며, 상수를 출력하듯이 변수와 배열을 입력하여 값을 출력하는 방법과 나머지 하나는 C 언어 스타일로 출력하는 방법이다. 출력 결과 다음과 같다.

```
x= 10
y= 20
y= 20
z= [1 2 3]
z= [1 2 3]
```

제 3 절 연산자

기본 연산자

기본 연산자로는 단순 계산은 물론, 벡터와 행렬에서 모두 적용 가능한 더하기 (+), 빼기 (−), 곱하기 (∗), 나누기 (/)가 있다.

```
Sum = 1+3; print('1+3 =',Sum)
Subtraction = 13-4; print('13-4 =',Subtraction)
Multiplication = 12*3; print('12*3 =',Multiplication)
Division = 36/3; print('36/3 =',Division)
```

A + B	A에 B를 더하다
A - B	A에서 B를 빼다
A * B	A에 B를 곱하다
A / B	A를 B로 나누다


```
Sum = 1+3; print('1+3 =',Sum)
Subtraction = 13-4; print('13-4 =',Subtraction)
Multiplication = 12*3; print('12*3 =',Multiplication)
Division = 36/3; print('36/3 =',Division)
```

```
1+3 = 4
13-4 = 9
12*3 = 36
36/3 = 12.0
```

관계연산자

변수 값의 크기를 비교하기 위하여 사용하는 관계연산자는 <, <=, ==, >=, > 등이 있다. 두 변수를 비교하여 참이면 True, 거짓이면 False로 나타난다.

A< B	A가 B보다 작다
A<=B	A가 B보다 작거나 같다
A==B	A가 B와 같다
A>=B	A가 B보다 크거나 같다
A> B	A가 B보다 크다

```
a = 153;b =245;
print('a<b',a<b)
print('a<=b',a<=b)
print('a==b',a==b)
print('a>=b',a>=b)
print('a>b',a>b)
```

```
a<b True
a<=b True
a==b False
a>=b False
a>b False
```

같은 크기를 갖는 두 행렬의 서로 대응되는 원소의 크기를 비교하여 참이면 1, 거짓이면 0이 나타난다.

```
import numpy as np
from copy import copy
x = np.array([1,2,3,4,5]);
y = np.array([5,4,3,2,1])
a = np.zeros(np.size(x,0));
b = copy(a);c = copy(a);d = copy(a);e = copy(a);
for i in range(1):
    a[i]=x[i]<y[i]
    b[i]=x[i]<=y[i]
    c[i]=x[i]==y[i]
    d[i]=x[i]>=y[i]
    e[i]=x[i]>y[i]
print('  x < y'); print(a)
print('  x <= y'); print(b)
print('  x == y'); print(c)
```

```
print('  x >= y'); print(d)
print('  x > y'); print(e)
```

```
  x < y
[ 1.  1.  0.  0.  0.]
  x <= y
[ 1.  1.  1.  0.  0.]
  x == y
[ 0.  0.  1.  0.  0.]
  x >= y
[ 0.  0.  1.  1.  1.]
  x > y
[ 0.  0.  0.  1.  1.]
```

논리연산자

다양한 논리연산자 중 자주 사용하는 몇 가지에 대해서 알아보도록 하자.

A and B	A와 B가 둘 다 동시에 참일 때만 참이고, 그 외에는 모두 거짓
A or B	A 또는 B 중 적어도 하나만 참이면 참이고, 그 외에는 거짓

```
print('0 and 0 = ',0 and 0)
print('1 and 0 = ',1 and 0)
```

```
print('0 and 1 = ',0 and 1)
print('1 and 1 = ',1 and 1)
print('0 or 0 = ',0 or 0)
print('1 or 0 = ',1 or 0)
print('0 or 1 = ',0 or 1)
print('1 or 1 = ',1 or 1)
```

```
0 and 0 = 0
1 and 0 = 0
0 and 1 = 0
1 and 1 = 1
0 or 0 = 0
1 or 0 = 1
0 or 1 = 1
1 or 1 = 1
```

제 4 절 기본 구문

Python 기본 구문으로는 for 문, if 문, while 문이 있으며, 각 구문은 모두 들여쓰기로 구분하여 사용된다.

for 문

'for 변수 in 리스트'는 기본 구조이며 리스트의 초기값부터 최종값까지 차례로 변수에 대입되어 'for'문 아래 들여쓰기로 구분된 명령을 수행한다.

```
for x in range(0,11,2):
    a = 2**x; print('a =',a)
```

위의 코드를 보면 변수 x는 0부터 2간격으로 10까지 변화하는 것을 알 수 있다. 즉, 'range(초기값, 최종값, 증분)'을 사용하여 리스트 [0, 2, 4, 6, 8, 10]을 생성하여, 각 x가 차례대로 입력되어 $a = 2^x$ 값을 출력하게 된다.

```
a = 1
a = 4
a = 16
a = 64
a = 256
a = 1024
```

if else 문

여러 가지 조건에 따라 각각 다른 명령을 실행하고자 할 때, 'if ∼ else ∼'문을 사용한다. 아래 보기처럼 **조건 1**이 참이면 **문장 1**이 수행되고, 그렇지 않다면 **문장 2**가 수행된다.

```
if 조건 1:
    문장 1
else:
    문장 2
```

```
a=3
if a<1:
    b=a+1; print('b =',b)
else:
    c=a+2; print('c =',c)
```

위의 코드는 a의 초깃값을 3으로 지정하게 된다. if 구문을 살펴보면 처음 조건은 a가 1보다 작을 경우에 b값을 a+1로 출력하게 되며, 그렇지 않을 경우 c값을 a+2로 출력하게 되는 것을 알 수 있다. 따라서 a=3은 첫 번째 조건을 만족하지 않으므로 결과 값으로 c=5값을 출력하는 것을 알 수 있다.

```
c = 5
```

while 문

'while'문과 같은 행에 있는 조건이 참이면 'while' 문 아래 들여쓰기로 구분된 명령을 반복적으로 수행한다.

```
a=1
while a<4:
    a=a+1; print('a =',a)
```

위의 코드를 보면, 초기 a는 1로 지정하는 것을 볼 수 있다. while 구문의 첫 번째 조건을 보면, a가 4보다 작을 때, 해당 구문 (a=a+1)을 실행하게 된다. 즉, a가 1부터 증가하다가 4가 되는 순간 while문이 끝나게 된다.

```
a = 2

a = 3

a = 4
```

def

def을 이용하면 간편하게 함수를 정의할 수 있다.

```
def Function(x):
    return x**3+6*x-2
f = Function(3); print('f(3) =',f)
```

```
f(3) = 43
```

np.linspace()

'linspace'는 a와 b를 포함하면서 간격이 동일한 n개의 성분을 갖는 벡터를 만드는 데 사용한다.

```
import numpy as np
x = np.linspace(0,5,6); print('x =',x)
```

linspace는 시작점과 끝점을 지정하고 그 사이의 점을 몇 개로 나눌 것인지 정하는데 편리한 함수이다. 위의 예를 보면, x를 0부터 5까지 6개의 점으로 나누는 것을 볼 수 있다.

```
x = [ 0.  1.  2.  3.  4.  5.]
```

pyplot

pyplot은 가장 기본적인 그래프를 그리는 명령어로, 실행결과를 2차원 그래프로 나타내고자 할 때 사용된다. 'pyplot'문을 사용하기 위해서 모듈 matplotlib.pyplot을 import해주어야하며, 2개의 변수가 필요하다. 또한 각 변수는 같은 크기의 1차원 배열(벡터)이어야 한다.

- `plt.plot(X,Y)`
  x축은 X, y축은 Y를 값으로 갖는 2차원 그래프를 보여준다.

- `plt.plot(Y)`
  x축의 값을 주지 않으면 default로 x축은 index값을, y축은 Y를 값으로 하는 2 차원 그래프를 보여준다.

- `plt.plot(X,Y,S)`
  S는 선의 종류, 심볼(symbol) 또는 색을 나타낼 수 있는 옵션 값이다.(자세한 내용은 표 1.1 참고.)

- `plt.plot(X1,Y1,S1,X2,Y2,S2,X3,Y3,S3,...)`
  여러 개의 벡터를 한 번에 같이 나타낼 수 있다.

예를 들어, `plt.plot(x,sin(x),'k--',x,cos(x),'ko')`를 실행하면, 그림 1.12을 얻게 된다. 이는 y 축의 값을 $\sin(x)$, $\cos(x)$로 하는 두 개의 그래프를 나타내며, 첫 번째 $\sin(x)$는 검은색 점선으로, $\cos(x)$는 검은색 원으로 표현된다.

색상		모양		라인	
b	Blue	.	Point	-	Solid
g	Green	o	Circle	:	Dotted
r	Red	x	x mark	-.	Dashdot
c	Cyan	+	Plus	--	Dashed
m	Magenta	*	Star	(none)	No line
y	Yellow	s	Square		
k	Black	d	Diamond		
w	white	v	Triangle(down)		
		^	Triangle(up)		

표 1.1: plot 명령어의 옵션

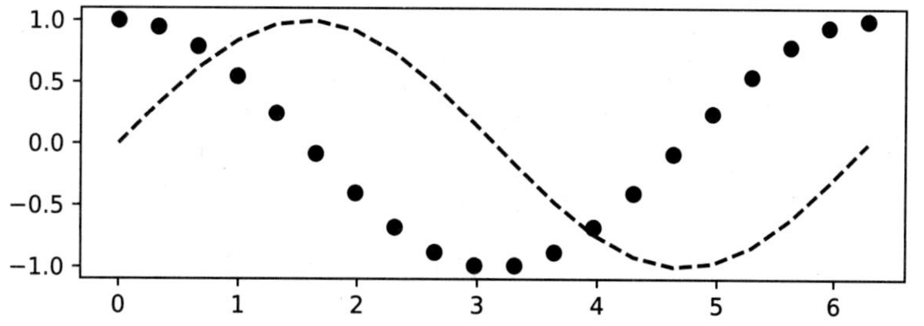

그림 1.12: plot문 옵션을 이용한 프로그램 실행결과

다음은 부가적인 명령어이다.

- `plt.title`

  그래프의 제목 넣기

- `plt.xlabel`, `plt.ylabel`

  x축에 이름 넣기, y축에 이름 넣기

- `plt.grid(True)`

  생성된 그래프에 격자 넣기

- `plt.text(x좌표,y좌표,문장)`

  지정한 위치에 원하는 글 넣기

- `plt.axis([xmin xmax ymin ymax])`

  그래프의 x축과 y축의 크기를 조절하기

그림을 그릴 때, Python은 자동으로 좌표축을 설정한다. 생성된 그래프의 전체적인 크기 비율은 각각의 좌표축에 대한 aspect ratio에 따라 다르게 나온다. 예를 들어 반지름이 2인 원을 만들어 보자.

```
import numpy as np
import matplotlib.pyplot as plt
t = np.linspace(0,2*np.pi,100);x = 2*np.cos(t);y = 2*np.sin(t)
plt.plot(x,y);plt.show()
```

그림 1.13(a)은 원의 모양보다는 오히려 타원의 모양을 갖고 있다. 그러므로 원래 원하는 원의 모양을 갖고 싶으면 aspect ratio를 바꾸어 주어야 한다.

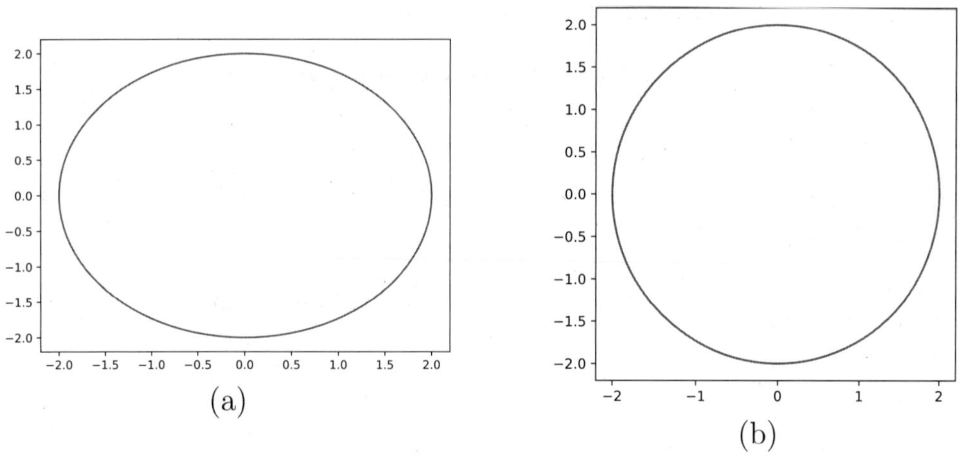

그림 1.13: (a) 좌표계가 default인 경우. (b) 좌표계가 square인 경우.

Aspect ratio의 옵션을 "square"로 하면, Figure window의 모양을 직사각형 모양의 좌표계가 아닌 정사각형의 모양의 좌표계로 바꾼다. 그림 1.13(b)는 그림 1.13(a)보다 훨씬 더 원하는 원의 모양을 갖고 있다. 그러나 이것은 어디까지나 Figure window를 정사각형 모양으로 바꾸어 준 결과로 나타난 것이다. 결국 각 좌표축의 units는 무시한 결과이다.

```
import numpy as np
import matplotlib.pyplot as plt
t = np.linspace(0,2*np.pi,100);x = 2*np.cos(t);y = 2*np.sin(t)
plt.plot(x,y);plt.axis('square');plt.show()
```

만일 실제 사물의 크기 비율(aspect ratio)와 같게 하려면, 각각의 좌표축에 대한 units는 동등한 크기를 가져야 한다. 이때 이용되는 aspect ratio로는 "equal"과 "image"가 있다. 해당 그래프에 대한 데이터의 범위까지만 display하는 경우가 "image"에 해당한다 (그림 1.14 참조).

```
import numpy as np
import matplotlib.pyplot as plt
t = np.linspace(0,2*np.pi,100);x = 2*np.cos(t);y = 2*np.sin(t)
plt.plot(x,y);plt.axis('equal');plt.show()
```

```
import numpy as np
import matplotlib.pyplot as plt
t = np.linspace(0,2*np.pi,100);x = 2*np.cos(t);y = 2*np.sin(t)
plt.plot(x,y);plt.axis('image');plt.show()
```

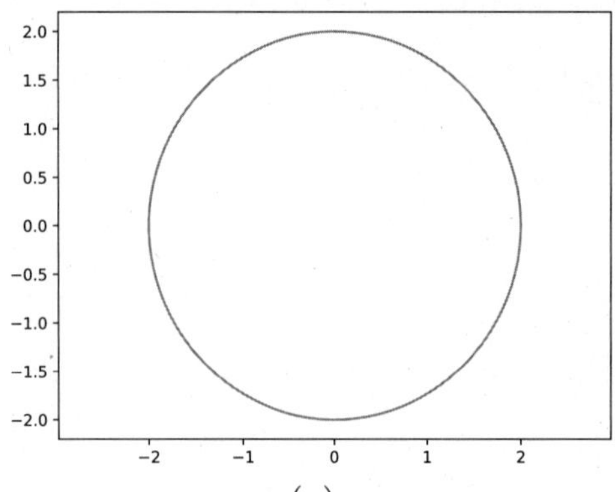

(a)

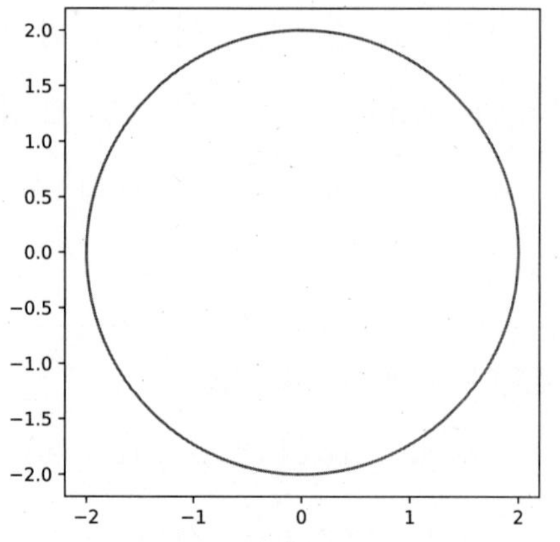

(b)

그림 1.14: (a) 좌표계가 equal인 경우. (b) 좌표계가 image인 경우.

np.ones()

각 원소 값들이 1인 정방행렬을 생성한다.

```
import numpy as np
a = np.ones([3,3]); print('a =',a)
```

```
a = [[ 1.  1.  1.]
 [ 1.  1.  1.]
 [ 1.  1.  1.]]
```

np.zeros()

각 원소 값들이 0인 정방행렬을 생성한다.

```
import numpy as np
a = np.zeros([2,2]); print('a =',a)
```

```
a = [[ 0.  0.]
 [ 0.  0.]]
```

len()

len()로 벡터의 길이를 알 수 있다.

```
C = [1,2,3]; n = len(C); print('n =',n)
```

```
n = 3
```

np.sum()

행렬 또는 벡터의 원소들의 합을 구할 수 있다. 벡터의 경우 전체를 더해주게 되며, 행렬의 경우 각 열의 합을 계산하게 된다.

```
import numpy as np
A = np.array([[1,2,3],[4,5,6],[7,8,9]])
S_col = np.sum(A,0);print('S_column =',S_col)
S_row = np.sum(A,1);print('S_row =',S_row)
S_all = np.sum(A);print('S_all =',S_all)
```

```
S_column = [12 15 18]
S_row = [ 6 15 24]
S_all = 45
```

abs()

abs(a)를 사용하면 a의 절댓값을 얻을 수 있다.

```
import numpy as np
print('abs(-3) =',np.abs(-3))
```

```
abs(-3) = 3
```

np.random.random()

Python의 np.random.random((M,N)) 명령어는 0과 1사이의 무작위의 수로 이루어진 M×N 행렬을 생성한다.

```
import numpy as np
Random_matrix = np.random.random((2,3))
print('Random_matrix =',Random_matrix)
```

```
Random_matrix = [[ 0.66873976  0.79259687  0.13947266]
 [ 0.56860878  0.02870686  0.06748414]]
```

따라서, np.random.random()을 사용할 때마다 다른 결과를 얻는다. 그러나 생성되는 값을 임의로 똑같이 출력할 수가 있다. 행렬을 생성하기 전에 seed를 정의해주면 된다.

```
import numpy as np
Random_matrix1 = np.random.random((2,3));
print('Random_matrix1 =',Random_matrix1)
np.random.seed(10)
Random_matrix2 = np.random.random((2,3));
print('Random_matrix2 =',Random_matrix2)
```

```
np.random.seed(10)
Random_matrix3 = np.random.random((2,3));
print('Random_matrix3 =',Random_matrix3)
```

```
Random_matrix1 = [[ 0.00394827  0.51219226  0.81262096]
 [ 0.61252607  0.72175532  0.29187607]]
Random_matrix2 = [[ 0.77132064  0.02075195  0.63364823]
 [ 0.74880388  0.49850701  0.22479665]]
Random_matrix3 = [[ 0.77132064  0.02075195  0.63364823]
 [ 0.74880388  0.49850701  0.22479665]]
```

장 2

머신러닝 (Machine Learning)

머신러닝(machine learning) 또는 기계학습은 인공지능의 한 분야로, 컴퓨터가 학습할 수 있도록 하는 알고리즘을 개발하는 분야를 말한다. 머신러닝의 구체적인 예제로 손글씨 숫자($0 \sim 9$)인식에 대해서 알아보겠다.

다음은 주요참고문헌 리스트이다.

[1] 기초부터 활용까지 패턴인식과 기계학습, 박혜영, 이관용, 이한출판사, 2011.

[2] 패턴인식, 오일석, 교보문고, 2008.

[3] 밑바닥부터 시작하는 딥러닝, 사이토 고키 저, 개앞맵시 역, 한빛미디어, 2017.

[4] 딥러닝 제대로 시작하기, 오카타니 타카유키 저, 심효섭 역, 제이펍, 2016.

[5] 신경망 첫걸음, 타리크 라시드 저, 송교석 역, 한빛미디어, 2017.

제 1 절 경사 하강법(Gradient descent method)

매개변수 $\mathbf{w}$에 의해 정의된 비용함수 $E(\mathbf{w})$가 있을 때, 이 비용함수의 값을 최소로 하는 $\mathbf{w}$의 값을 찾는 문제를 고려해보자. 이를 수식으로 나타내면 다음과 같다.

$$\mathbf{w}^* = \underset{\mathbf{w}}{\operatorname{argmin}}\, E(\mathbf{w}) \tag{2.1}$$

이 문제를 풀기 위해 우리는 경사 하강법 (Gradient descent method)를 사용할 것이다. 일반적으로 매개변수 $\mathbf{w}$가 N개로 이루어진 시간의 벡터함수라 하자. 즉, $\mathbf{w}(t) = (w_1(t), w_2(t), \cdots, w_N(t))$. 다음과 같은 그래디언트 플로우(Gradient flow)를 고려해보자.

$$\frac{d\mathbf{w}}{dt} = -\nabla E(\mathbf{w}) = -\left(\frac{\partial E(\mathbf{w})}{\partial w_1}, \frac{\partial E(\mathbf{w})}{\partial w_2}, \cdots, \frac{\partial E(\mathbf{w})}{\partial w_N}\right). \tag{2.2}$$

그래디언트 플로우는 $\mathbf{w}$의 값이 주어진 비용함수의 그래디언트 방향(비용함수가 증가하는 방향)의 반대 방향으로 시간에 따라 변한다는 것이다. 위 식 (2.2)를 성분별로 나타내면 다음과 같다.

$$\frac{dw_i}{dt} = -\frac{\partial E(\mathbf{w})}{\partial w_i},\ i = 1, 2, \cdots, N. \tag{2.3}$$

$\mathbf{w}^{(n)} = (w_1^{(n)}, w_2^{(n)}, \cdots, w_N^{(n)})$을 $t = (n-1)\Delta t$일 때의 값이라고 하고 식 (2.3)을 명시적 오일러 방법 (Explicit Euler method)에 따라 이산화하면

$$\frac{w_i^{(n+1)} - w_i^{(n)}}{\Delta t} = -\frac{\partial E(\mathbf{w}^{(n)})}{\partial w_i},\ i = 1, 2, \cdots, N,\ n = 1, 2, \cdots. \tag{2.4}$$

여기서 Δt는 시간간격이고 $w_i^{(n+1)}$은 n번째 반복했을때의 매개변수의 값이다. 특히, $w_i^{(1)}$은 초기 추측 값이다. 식 (2.4)의 양변에 Δt를 곱하고 다시 정리하면,

$$w_i^{(n+1)} = w_i^{(n)} - \Delta t \frac{\partial E(\mathbf{w}^{(n)})}{\partial w_i}, \ i = 1, 2, \cdots, N, \ n = 1, 2, \cdots. \tag{2.5}$$

따라서, $\eta = \Delta t$ 라 하면 경사 하강법을 얻는다.

$$w_i^{(n+1)} = w_i^{(n)} - \eta \frac{\partial E(\mathbf{w}^{(n)})}{\partial w_i}, \ i = 1, 2, \cdots, N, \ n = 1, 2, \cdots. \tag{2.6}$$

여기서 η는 학습률이라고 하며, 기울기의 반대 방향으로 얼마나 이동할지를 결정하는 역할을 한다. 이제 다음 예제를 통해, 학습률의 크기($\eta = 0.4$)에 따라 어떤 현상이 일어나는지 알아보자.

예제1: 다음 주어진 비용함수 $E(w)$를 최소로 만드는 w를 구하는 문제에 대해서 학습률(η)을 크게 설정하여 경사 하강법 알고리즘을 작성해보자.

$$E(w) = 3(w-2)^2 + 5,$$
$$\eta = 0.4, \ w^{(1)} = 5.$$

초기 비용함수를 구해보면, $E(w^{(1)}) = 32$ 이다.

Step 1. 식 (2.6)을 적용하기 위해 $\frac{dE}{dw}$을 구하면 다음과 같다.

$$\frac{dE}{dw} = 6(w-2)$$

Step 2. 식 (2.6)을 10번 반복 적용하여 보자.

$$w^{(2)} = w^{(1)} - \eta \frac{dE}{dw}\left(w^{(1)}\right) = 5 - 0.4 \times 6 \times (5-2) = -2.2$$

비용함수를 구해보면, $E(w^{(2)}) = 57.92$

$$w^{(3)} = w^{(2)} - \eta \frac{dE}{dw}\left(w^{(2)}\right) = -2.2 - 0.4 \times 6 \times (-2.2-2) = 7.88$$

비용함수를 구해보면, $E(w^{(3)}) = 108.7232$

$$\vdots$$

$$\begin{aligned} w^{(11)} &= w^{(10)} - \eta \frac{dE}{dw}\left(w^{(10)}\right) = -59.9831 - 0.4 \times 6 \times (-59.9831-2) \\ &= 88.7764 \end{aligned}$$

비용함수를 구해보면, $E(w^{(11)}) = 22595.428965$

학습률이 클 경우($\eta = 0.4$)의 예를 Python 코드를 작성해서 알아보자.

```
# eta_large_book.py
import numpy as np
def E (w):
    return 3*(w-2)**2+5
def dE(w):
    return 6*(w-2)
eta=0.4;
```

```
w=np.zeros((11,1));
w[0]=5;
print('w(0)=%f' %(w[0]),'E(w(0))=%f' %(E(w[0])))
for i in range(0,10):
    w[i+1]=w[i]-eta*dE(w[i]);
    print('w(%d)=%f' %(i+1,w[i+1]),'E(w(%d))=%f'
    %(i+1,E(w[i+1])))
```

다음 결과를 보면 함숫값 $E(w^{(n)})$이 점점 커지는 것을 알 수 있다.

```
w(0)=5.000000 E(w(0))=32.000000
w(1)=-2.200000 E(w(1))=57.920000
w(2)=7.880000 E(w(2))=108.723200
w(3)=-6.232000 E(w(3))=208.297472
w(4)=13.524800 E(w(4))=403.463045
w(5)=-14.134720 E(w(5))=785.987568
w(6)=24.588608 E(w(6))=1535.735634
w(7)=-29.624051 E(w(7))=3005.241843
w(8)=46.273672 E(w(8))=5885.474012
w(9)=-59.983140 E(w(9))=11530.729064
w(10)=88.776396 E(w(10))=22595.428965
```

[그림 2.1](a)는 학습률이 클 경우 주어진 $w^{(1)}$에서의 비용함수의 기울기를 빗변으로 하고 밑변의 길이가 학습률 η인 직각삼각형을 생각해보자. 이때, 삼각형의 높이는 $\eta\frac{dE}{dw}\left(w^{(1)}\right)$이 된다. 따라서 $w^{(2)}$의 값은 현재값 $w^{(1)}$에서

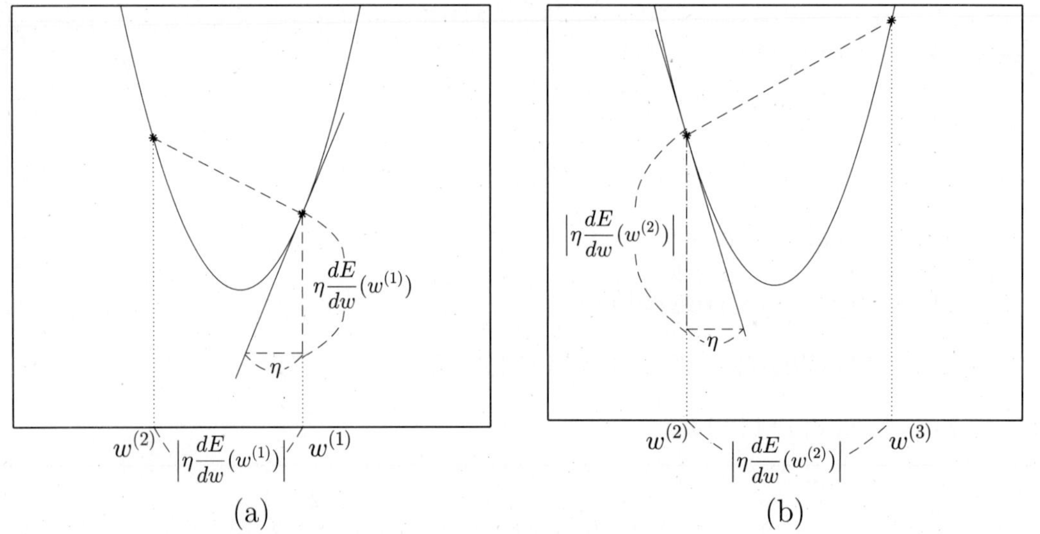

그림 2.1: 학습률($\eta = 0.4$)이 클 경우.

$\eta \dfrac{dE}{dw}\left(w^{(1)}\right)$를 뺀 값이 된다. 이는 비용함수를 최소화하는 값으로부터 더 멀어지게 되고 이를 반복하면 [그림 2.1](b)처럼 점점 더 멀어진다. 따라서 $w^{(n)}$은 극값으로 수렴하지 않고 발산함을 알 수 있다. 그렇다면 반대로 학습률($\eta = 0.01$)이 너무 작으면 어떤 현상이 발생하는지 다음 예제를 통해 알아보자.

예제2: 다음 비용함수 $E(w)$가 최솟값을 갖게 하는 w를 구하는데 학습률(η)을 작게 설정하여 알고리즘을 작성해보자.

$$E(w) = 3(w-2)^2 + 5,$$
$$\eta = 0.01,\ w^{(1)} = 5.$$

초기 비용함수를 구해보면, $E(w^{(1)}) = 32$ 이다.

Step 1. 식 (2.6)을 적용하기 위해 $\frac{dE}{dw}$을 구하면 다음과 같다.

$$\frac{dE}{dw} = 6\,(w-2)$$

Step 2. 식 (2.6)을 10번 반복 적용하여 보자.

$$w^{(2)} = w^{(1)} - \eta\frac{dE}{dw}\left(w^{(1)}\right) = 5 - 0.01 \times 6 \times (5-2) = 4.82$$

비용함수를 구해보면, $E(w^{(2)}) = 28.8572$

$$w^{(3)} = w^{(2)} - \eta\frac{dE}{dw}\left(w^{(2)}\right) = 4.82 - 0.01 \times 6 \times (4.82-2) = 4.6508$$

비용함수를 구해보면, $E(w^{(3)}) = 26.080222$

$$\vdots$$

$$w^{(11)} = w^{(10)} - \eta\frac{dE}{dw}\left(w^{(10)}\right) = 3.718984 - 0.01 \times 6 \times (3.718984-2)$$
$$= 3.615845$$

비용함수를 구해보면, $E(w^{(11)}) = 12.832869$

학습률이 작을 경우($\eta = 0.01$)를 다음 Python 코드를 작성해서 알아보자.

```
# eta_small_book.py
import numpy as np
def E(w):
```

```
    return 3*(w-2)**2+5
def dE(w):
    return 6*(w-2)
eta=0.01;
w=np.zeros((11,1));
w[0]=5;
print('w(0)=%f' %(w[0]),'E(w(0))=%f' %(E(w[0])))
for i in range(0,10):
    w[i+1]=w[i]-eta*dE(w[i]);
    print('w(%d)=%f' %(i+1,w[i+1]),'E(w(%d))=%f'
    %(i+1,E(w[i+1])))
```

다음 결과를 보면 함숫값 $E(w^{(n)})$이 아주 천천히 수렴하는것을 알 수 있다.

```
w(0)=5.000000 E(w(0))=32.000000
w(1)=4.820000 E(w(1))=28.857200
w(2)=4.650800 E(w(2))=26.080222
w(3)=4.491752 E(w(3))=23.626484
w(4)=4.342247 E(w(4))=21.458361
w(5)=4.201712 E(w(5))=19.542608
w(6)=4.069609 E(w(6))=17.849848
w(7)=3.945433 E(w(7))=16.354126
w(8)=3.828707 E(w(8))=15.032506
w(9)=3.718984 E(w(9))=13.864722
```

```
w(10)=3.615845 E(w(10))=12.832869
```

[그림 2.2]을 보면 극값으로 수렴하는 속도가 느리다는 것을 알 수 있다.

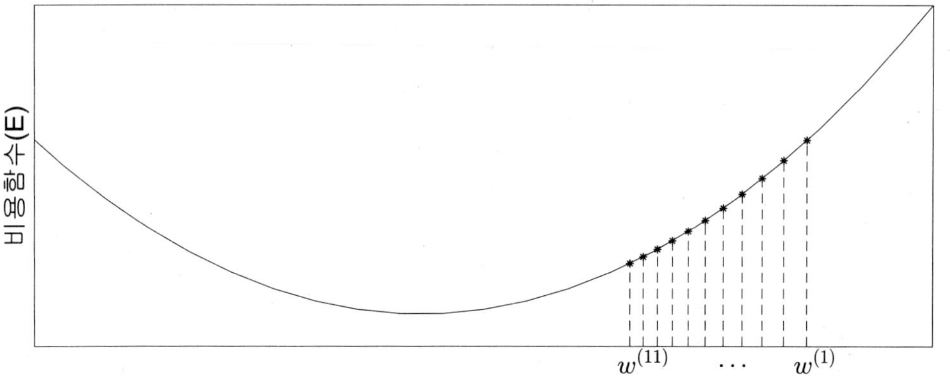

그림 2.2: 학습률($\eta = 0.01$)이 작을 경우.

정리해보면, ⟨예제 1⟩에서 학습률이 너무 크면 학습이 불안정해짐을 알 수 있었고, 반대로 ⟨예제 2⟩에선 학습률이 너무 작으면 수렴속도가 느려서 계산량이 많아 학습속도가 느려짐을 알 수 있었다. 따라서 학습률을 적절하게 설정해야 학습의 안정성과 학습속도를 높일 수 있음을 확인 할 수 있다. 다음 예제는 학습률을 적절한 값으로 설정했을 경우를 다룬 경우이다.

예제3: 다음 주어진 비용함수 $E(w)$와 w를 이용하여 비용함수의 최솟값을 구하는 알고리즘을 작성해보자.

$$E(w) = 3(w-2)^2 + 5,$$

$$\eta = 0.1,\ w^{(0)} = 5.$$

초기 비용함수를 구해보면, $E(w^{(1)}) = 32$ 이다.

Step 1. 식 (2.6)을 적용하기 위해 $\frac{dE}{dw}$을 구하면 다음과 같다.

$$\frac{dE}{dw} = 6\,(w-2)$$

Step 2. 식 (2.6)을 반복하여 적용하여 보자.

$$w^{(2)} = w^{(1)} - \eta\frac{dE}{dw}\left(w^{(1)}\right) = 5 - 0.1 \times 6 \times (5-2) = 3.2$$

비용함수를 구해보면, $E(w^{(2)}) = 9.32$

$$w^{(3)} = w^{(2)} - \eta\frac{dE}{dw}\left(w^{(2)}\right) = 3.2 - 0.1 \times 6 \times (3.2-2) = 2.48$$

비용함수를 구해보면, $E(w^{(3)}) = 5.6912$

$$\vdots$$

$$\begin{aligned} w^{(11)} &= w^{(10)} - \eta\frac{dE}{dw}\left(w^{(10)}\right) = 2.000786 - 0.1 \times 6 \times (2.000786-2) \\ &= 2.000315 \end{aligned}$$

비용함수를 구해보면, $E(w^{(11)}) = 5.0$

학습률이 적절할 경우의 예를 PYTHON 코드를 작성해서 알아보자.

```
# eta_proper_book.py
import numpy as np
def E(w):
```

```
    return 3*(w-2)**2+5
def dE(w):
    return 6*(w-2)
eta=0.1;
w=np.zeros((11,1));
w[0]=5;
print('w(0)=%f' %(w[0]),'E(w(0))=%f' %(E(w[0])))
for i in range(0,10):
    w[i+1]=w[i]-eta*dE(w[i]);
    print('w(%d)=%f' %(i+1,w[i+1]),'E(w(%d))=%f'
    %(i+1,E(w[i+1])))
```

다음 결과와 [그림 2.3]을 보면 ⟨예제 2⟩보다 $w^{(n)}$이 빠르고 정확하게 수렴하고 있음을 알 수 있다.

```
w(0)=5.000000 E(w(0))=32.000000
w(1)=3.200000 E(w(1))=9.320000
w(2)=2.480000 E(w(2))=5.691200
w(3)=2.192000 E(w(3))=5.110592
w(4)=2.076800 E(w(4))=5.017695
w(5)=2.030720 E(w(5))=5.002831
w(6)=2.012288 E(w(6))=5.000453
w(7)=2.004915 E(w(7))=5.000072
w(8)=2.001966 E(w(8))=5.000012
```

```
w(9)=2.000786 E(w(9))=5.000002

w(10)=2.000315 E(w(10))=5.000000
```

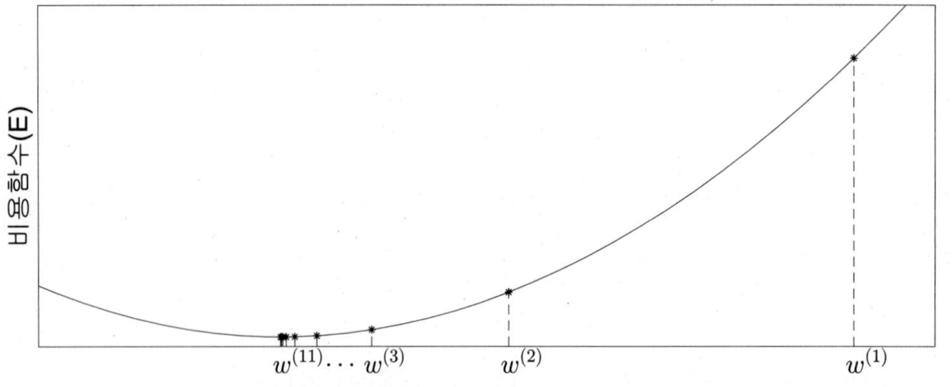

그림 2.3: 학습률($\eta = 0.1$)이 적절할 경우.

앞 예제들을 통해, 1변수 비용함수의 최솟값을 만족하는 변수를 구하는 문제를 경사 하강법을 적용하여 알아보았다. 이를 다변수 비용함수로 확장해보자.

예제4: 주어진 비용함수 $E(w_1, w_2)$의 최솟값을 만족하는 변수 w_1, w_2를 경사 하강법을 이용하여 구하는 알고리즘을 작성해보자.

$$E(w_1, w_2) = 3(w_1 - 2)^2 + 2(w_2 - 3)^2 + 3,$$
$$\eta = 0.1,\ (w_1^{(1)}, w_2^{(1)}) = (8, 10).$$

식 (2.6)에 적용하기 위해 $\frac{\partial E}{\partial w_1}$와 $\frac{\partial E}{\partial w_2}$을 구하면 다음과 같다.

$$\frac{\partial E}{\partial w_1} = 6(w_1 - 2),\ \frac{\partial E}{\partial w_2} = 2(w_2 - 3).$$

주어진 비용함수는 $w_1 = 2, w_2 = 3$에서 최솟값을 갖는다.

$$
\begin{aligned}
(w_1^{(2)}, w_2^{(2)}) &= (w_1^{(1)}, w_2^{(1)}) - \eta\left(\frac{\partial E}{\partial w_1}\left(w_1^{(1)}, w_2^{(1)}\right), \frac{\partial E}{\partial w_2}\left(w_1^{(1)}, w_2^{(1)}\right)\right) \\
&= (4.4, 7.2), \\
(w_1^{(3)}, w_2^{(3)}) &= (w_1^{(2)}, w_2^{(2)}) - \eta\left(\frac{\partial E}{\partial w_1}\left(w_1^{(1)}, w_2^{(1)}\right), \frac{\partial E}{\partial w_2}\left(w_1^{(2)}, w_2^{(2)}\right)\right) \\
&= (2.96, 5.52), \\
&\vdots \\
(w_1^{(11)}, w_2^{(11)}) &= (w_1^{(10)}, w_2^{(10)}) - \eta\left(\frac{\partial E}{\partial w_1}\left(w_1^{(10)}, w_2^{(10)}\right), \frac{\partial E}{\partial w_2}\left(w_1^{(10)}, w_2^{(10)}\right)\right) \\
&= (2.000629, 3.042326).
\end{aligned}
$$

2변수로 비용함수가 정의되었을 경우를 Python 코드로 작성해보자.

```
# two_variable_book.py
import numpy as np
from copy import copy
def E(w1,w2):
    return 3*(w1-2)**2+2*(w2-3)**2+3
def dE1(w1):
    return 6*(w1-2)
def dE2(w2):
    return 4*(w2-3)
w1=np.zeros((11,1)); w2=copy(w1);
```

```
eta=0.1; w1[0]=8; w2[0]=10;
print('(w1(0),w2(0))=(%f,%f)' %(w1[0],w2[0]),
      'E(w1(0),w2(0))= %f' %(E(w1[0],w2[0])))
for i in range(0,10):
    w1[i+1]=w1[i]-eta*dE1(w1[i])
    w2[i+1]=w2[i]-eta*dE2(w2[i])
    print('(w1(%d),w2(%d))=(%f,%f)' %(i+1,i+1,w1[i+1],w2[i+1]),
          'E(w1(%d),w2(%d))= %f' %(i+1,i+1,E(w1[i+1],w2[i+1])))
```

```
(w1(0),w2(0))=(8.000000,10.000000) E(w1(0),w2(0))= 209.000000
(w1(1),w2(1))=(4.400000,7.200000) E(w1(1),w2(1))= 55.560000
(w1(2),w2(2))=(2.960000,5.520000) E(w1(2),w2(2))= 18.465600
(w1(3),w2(3))=(2.384000,4.512000) E(w1(3),w2(3))= 8.014656
(w1(4),w2(4))=(2.153600,3.907200) E(w1(4),w2(4))= 4.716803
(w1(5),w2(5))=(2.061440,3.544320) E(w1(5),w2(5))= 3.603893
(w1(6),w2(6))=(2.024576,3.326592) E(w1(6),w2(6))= 3.215137
(w1(7),w2(7))=(2.009830,3.195955) E(w1(7),w2(7))= 3.077087
(w1(8),w2(8))=(2.003932,3.117573) E(w1(8),w2(8))= 3.027693
(w1(9),w2(9))=(2.001573,3.070544) E(w1(9),w2(9))= 3.009960
(w1(10),w2(10))=(2.000629,3.042326) E(w1(10),w2(10))= 3.003584
```

결과 값은 $w_1 = 2, w_2 = 3$이고, 이때의 비용함수는 3으로 수렴하는 것을 확인 할 수 있다. [그림 2.4 (a)]는 비용함수를 [그림 2.4 (b)]는 비용함수의 contour 그래프와 비용함수를 최소로 하는 근삿값 $\mathbf{w}^{(n)} = (w_1^{(n)}, w_2^{(n)}), n = 1, 2, \cdots, 11$을

마크(*)로 표시하였다.

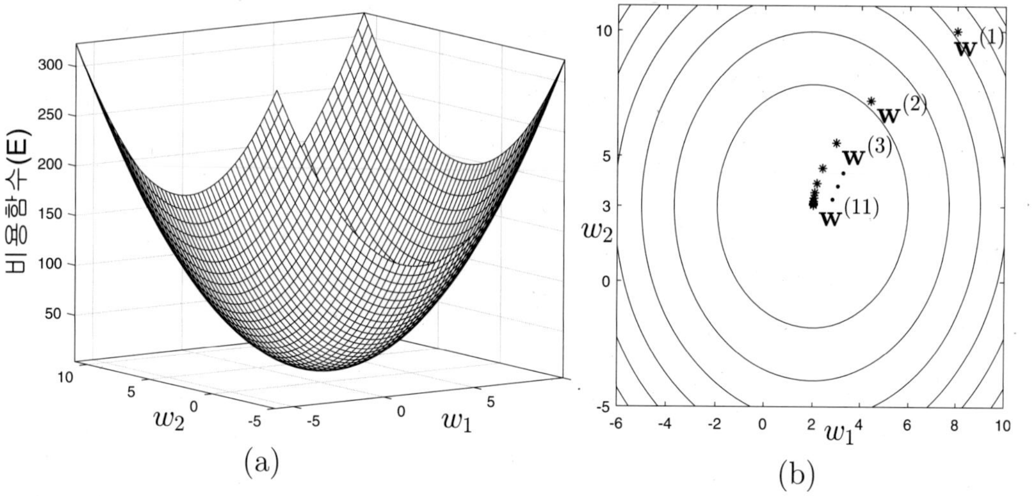

그림 2.4: (a) 비용함수, (b) 비용함수의 contour 그래프와 비용함수를 최소로 하는 근삿값 $\mathbf{w}^{(n)} = (w_1^{(n)}, w_2^{(n)}), n = 1, 2, \cdots, 11$을 마크(*)로 표시하였다.

예제5: $\mathbf{w} = (w_1, w_2, w_3)$에 대해서 주어진 비용함수를 이용하여 최솟값을 구하는 알고리즘을 작성해보자.

$$E(\mathbf{w}) = E(w_1, w_2, w_3) = 3(w_1 - 2)^2 + 2(w_2 - 3)^2 + 4(w_3 - 1)^2 + 3,$$

$$\eta = 0.1, \ \mathbf{w}^{(1)} = (w_1^{(1)}, w_2^{(1)}, w_3^{(1)}) = (8, 10, 5).$$

식 (2.6)에 적용하기 위해 $\frac{\partial E}{\partial w_1}, \frac{\partial E}{\partial w_2}$와 $\frac{\partial E}{\partial w_3}$을 구하면 다음과 같다.

$$\frac{\partial E}{\partial w_1} = 6(w_1 - 2), \ \frac{\partial E}{\partial w_2} = 2(w_2 - 3), \ \frac{\partial E}{\partial w_3} = 8(w_3 - 1).$$

주어진 비용함수는 $w_1 = 2, w_2 = 3, w_3 = 1$에서 최솟값을 갖는다.

$$
\begin{aligned}
\mathbf{w}^{(2)} &= \mathbf{w}^{(1)} - \eta \left(\frac{\partial E}{\partial w_1}\left(\mathbf{w}^{(1)}\right), \frac{\partial E}{\partial w_2}\left(\mathbf{w}^{(1)}\right), \frac{\partial E}{\partial w_3}\left(\mathbf{w}^{(1)}\right) \right) = (4.4, 7.2, 1.8), \\
\mathbf{w}^{(3)} &= \mathbf{w}^{(2)} - \eta \left(\frac{\partial E}{\partial w_1}\left(\mathbf{w}^{(2)}\right), \frac{\partial E}{\partial w_2}\left(\mathbf{w}^{(2)}\right), \frac{\partial E}{\partial w_3}\left(\mathbf{w}^{(2)}\right) \right) = (2.96, 5.52, 1.16), \\
&\vdots \\
\mathbf{w}^{(11)} &= \mathbf{w}^{(10)} - \eta \left(\frac{\partial E}{\partial w_1}\left(\mathbf{w}^{(10)}\right), \frac{\partial E}{\partial w_2}\left(\mathbf{w}^{(10)}\right), \frac{\partial E}{\partial z}\left(\mathbf{w}^{(10)}\right) \right) \\
&= (2.000629, 3.042326, 1.000000).
\end{aligned}
$$

3변수로 비용함수가 정의되었을 경우를 Python 코드로 작성해서 알아보자.

```
# three_variable_book.py
import numpy as np
from copy import copy
def E(w1,w2,w3):
    return 3*(w1-2)**2+2*(w2-3)**2+4*(w3-1)**2+3
def dE1(w1):
    return 6*(w1-2)
def dE2(w2):
    return 4*(w2-3)
def dE3(w3):
    return 8*(w3-1)
w1=np.zeros((11,1));w2=copy(w1);w3=copy(w1);
```

```
eta=0.1;w1[0]=8;w2[0]=10;w3[0]=5;
print('(w1(0),w2(0),w3(0))=(%f,%f,%f)' %(w1[0],w2[0],w3[0]))
print('E(w1(0),w2(0),w3(0))= %f' %(E(w1[0],w2[0],w3[0])))
for i in range(0,10):
    w1[i+1]=w1[i]-eta*dE1(w1[i])
    w2[i+1]=w2[i]-eta*dE2(w2[i])
    w3[i+1]=w3[i]-eta*dE3(w3[i])
    print('(w1(%d),w2(%d),w3(%d))=(%f,%f,%f)'
          %(i+1,i+1,i+1,w1[i+1],w2[i+1],w3[i+1]))
    print('E(w(%d))= %f'%(i+1,E(w1[i+1],w2[i+1],w3[i+1])))
```

```
(w1(0),w2(0),w3(0))=(8.000000,10.000000,5.000000)
E(w1(0),w2(0),w3(0))= 273.000000
(w1(1),w2(1),w3(1))=(4.400000,7.200000,1.800000)
E(w(1))= 58.120000
(w1(2),w2(2),w3(2))=(2.960000,5.520000,1.160000)
E(w(2))= 18.568000
(w1(3),w2(3),w3(3))=(2.384000,4.512000,1.032000)
E(w(3))= 8.018752
(w1(4),w2(4),w3(4))=(2.153600,3.907200,1.006400)
E(w(4))= 4.716966
(w1(5),w2(5),w3(5))=(2.061440,3.544320,1.001280)
E(w(5))= 3.603900
(w1(6),w2(6),w3(6))=(2.024576,3.326592,1.000256)
```

```
E(w(6))= 3.215137

(w1(7),w2(7),w3(7))=(2.009830,3.195955,1.000051)

E(w(7))= 3.077087

(w1(8),w2(8),w3(8))=(2.003932,3.117573,1.000010)

E(w(8))= 3.027693

(w1(9),w2(9),w3(9))=(2.001573,3.070544,1.000002)

E(w(9))= 3.009960

(w1(10),w2(10),w3(10))=(2.000629,3.042326,1.000000)

E(w(10))= 3.003584
```

근삿값이 $w_1 = 2, w_2 = 3, w_3 = 1$로 근사되는 것을 확인할 수 있다.

예제6: $\mathbf{w} = (w_1, w_2, \cdots, w_N)$에 대해서 주어진 비용함수를 이용하여 최솟값을 구하는 알고리즘을 작성해보자.

$$E(\mathbf{w}) = \frac{1}{2}\sum_{i=1}^{N}(w_i - i/N)^2,$$
$$\eta = 0.1,\ \mathbf{w}^{(1)} = (w_1^{(1)}, w_2^{(1)}, \cdots, w_N^{(1)}) = (0.5, 0.5, \cdots, 0.5).$$

식 (2.6)를 적용하기 위해 $\frac{\partial E}{\partial w_i}$을 구하면 다음과 같다.

$$\frac{\partial E}{\partial w_i} = w_i - i/N,\ i = 1, 2, \cdots, N.$$

주어진 비용함수는 $w_i = i/N$에서 최솟값을 갖는다.

$$\mathbf{w}^{(2)} = \mathbf{w}^{(1)} - \eta\left(\frac{\partial E}{\partial w_1}\left(\mathbf{w}^{(1)}\right), \frac{\partial E}{\partial w_2}\left(\mathbf{w}^{(1)}\right), \cdots, \frac{\partial E}{\partial w_N}\left(\mathbf{w}^{(1)}\right)\right),$$

$$\mathbf{w}^{(3)} = \mathbf{w}^{(2)} - \eta\left(\frac{\partial E}{\partial w_1}\left(\mathbf{w}^{(2)}\right), \frac{\partial E}{\partial w_2}\left(\mathbf{w}^{(2)}\right), \cdots, \frac{\partial E}{\partial w_N}\left(\mathbf{w}^{(2)}\right)\right),$$
$$\vdots$$
$$\mathbf{w}^{(11)} = \mathbf{w}^{(10)} - \eta\left(\frac{\partial E}{\partial w_1}\left(\mathbf{w}^{(10)}\right), \frac{\partial E}{\partial x_2}\left(\mathbf{w}^{(10)}\right), \cdots, \frac{\partial E}{\partial w_N}\left(\mathbf{w}^{(10)}\right)\right).$$

일반적으로 N개의 변수로 비용함수가 정의되었을 경우의 예를 PYTHON 코드를 작성해서 알아보자.

```
# N_variable_book.py
import numpy as np
def E(w,N):
    return 0.5*np.sum((w-np.linspace(1,N,N)/N)**2)
def dE(w,t):
    return w-t
N=10;w=0.5*np.ones((N+1,N));eta=0.7;
print('W(0)=(%.2f,%.2f,%.2f,%.2f,%.2f,%.2f,%.2f,%.2f,%.2f,%.2f)'
      %tuple(w[0,:]))
print('E(W(0))= %f' %(E(w[0,:],N)))
for i in range(0,N):
    w[i+1,:]=w[i,:]-eta*dE(w[i,:],np.linspace(1,N,N)/N)
    print('W(%d)='%(i+1),
          '(%.2f,%.2f,%.2f,%.2f,%.2f,%.2f,%.2f,%.2f,%.2f,%.2f)'
          %tuple(w[i+1,:]))
```

```
    print('E(W(%d))= %f' %(i+1,E(w[i+1,:],N)))
```

```
W(0)=(0.50,0.50,0.50,0.50,0.50,0.50,0.50,0.50,0.50,0.50)
E(W(0))= 0.425000
W(1)= (0.22,0.29,0.36,0.43,0.50,0.57,0.64,0.71,0.78,0.85)
E(W(1))= 0.038250
W(2)= (0.14,0.23,0.32,0.41,0.50,0.59,0.68,0.77,0.86,0.95)
E(W(2))= 0.003443
W(3)= (0.11,0.21,0.31,0.40,0.50,0.60,0.69,0.79,0.89,0.99)
E(W(3))= 0.000310
W(4)= (0.10,0.20,0.30,0.40,0.50,0.60,0.70,0.80,0.90,1.00)
E(W(4))= 0.000028
W(5)= (0.10,0.20,0.30,0.40,0.50,0.60,0.70,0.80,0.90,1.00)
E(W(5))= 0.000003
W(6)= (0.10,0.20,0.30,0.40,0.50,0.60,0.70,0.80,0.90,1.00)
E(W(6))= 0.000000
W(7)= (0.10,0.20,0.30,0.40,0.50,0.60,0.70,0.80,0.90,1.00)
E(W(7))= 0.000000
W(8)= (0.10,0.20,0.30,0.40,0.50,0.60,0.70,0.80,0.90,1.00)
E(W(8))= 0.000000
W(9)= (0.10,0.20,0.30,0.40,0.50,0.60,0.70,0.80,0.90,1.00)
E(W(9))= 0.000000
W(10)= (0.10,0.20,0.30,0.40,0.50,0.60,0.70,0.80,0.90,1.00)
E(W(10))= 0.000000
```

근삿값이 $w_i = i/10$로 근사되는 것을 확인할 수 있다.

제 2 절 간단한 분류기

단순한 예제를 통해 간단한 분류기를 구축하는 과정에 대해 알아보자.

예제 7: 좌표 평면위에 다음과 같이 다섯 개의 점을 분류하여 보자.

$X = \{x_1, \cdots, x_5\}, \;\; T = \{t_1, \cdots, t_5\}$

$$x_1 = -2, \;\; t_1 = 0$$

$$x_2 = -1, \;\; t_2 = 0$$

$$x_3 = 0, \;\; t_3 = 1$$

$$x_4 = 1, \;\; t_4 = 1$$

$$x_5 = 2, \;\; t_5 = 1$$

여기서 X는 분류하고자 하는 데이터이고, T는 각 데이터에 해당하는 목표값이다.

분류기를 구축한다는 것은 궁극적으로는 다음과 같은 함수를 만드는 것이다.

$$y = f(x) = \phi(u) = \phi(w_0 + wx)$$

여기서 w를 가중값(Weight), w_0를 편향(Bias), u는 가중합, 그리고 ϕ는 활성화 함수라 한다. 본 절에서는 시그모이드(Sigmoid) 함수를 사용하겠다. 시그모이드 함수와 시그모이드의 도함수는 다음과 같다 ([그림 2.5] 참조).

$$\phi(u) = \frac{1}{1+e^{-u}}, \tag{2.7}$$

$$\phi'(u) = \frac{e^{-u}}{(1+e^{-u})^2}. \tag{2.8}$$

편의상 $W = [w_0\ w]$를 가중값이라 하자. 일반적으로 처음부터 최적의 가중값

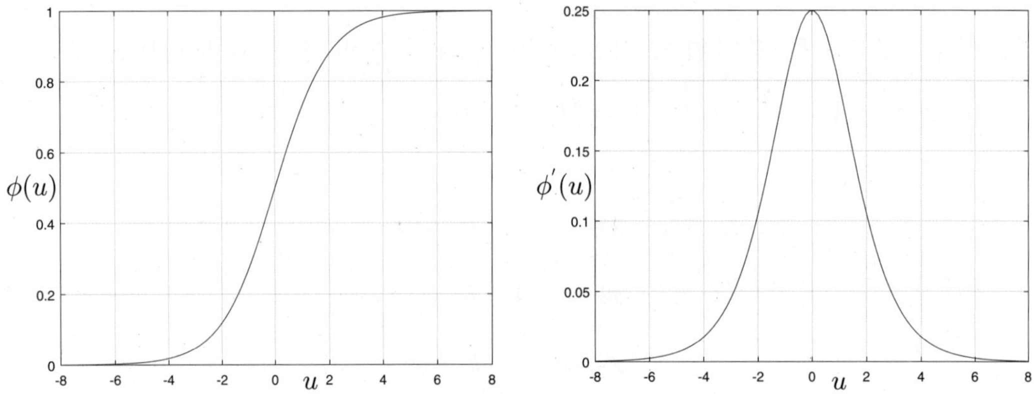

(a) (b)

그림 2.5: (a) 시그모이드 함수, (b) 시그모이드 함수의 도함수.

을 알지 못하기 때문에 처음에는 임의의 값으로 시작한다. 가중값이 임의의 값이므로 함수 f는 우리가 원하는 함수가 아니다. 따라서 우리가 원하는 함수를 얻기 위해 가중값을 수정해야 하며, 수정하기 위해 비용함수를 다음과 같이 정의하자.

$$E(X,W) = \frac{1}{5}\sum_{m=1}^{5} E_m(x_m, W) = \frac{1}{5}\sum_{m=1}^{5}\frac{1}{2}||t_m - y_m||^2, \quad y_m = f(x_m).$$

이제 주어진 비용함수와 경사 하강법을 이용하여 우리가 원하는 함숫값을 갖는 함수 f를 구할 수 있도록 가중값을 수정하자.

분류기의 구축 과정

과정 1. 초기설정

학습률(η)은 0.1, 초기 가중값(W)은 임의의 값으로 설정, 그리고 학습 횟수(n)를 설정한다.

과정 2. 5개의 데이터(X)에 대해서 가중값(W)을 수정하는데 한 번에 한 개의 데이터에 대해서 다음 가중값을 수정하면 된다.

과정 2-1. 함숫값(y) 계산

현재 설정되어 있는 가중값을 이용하여 함숫값(y)을 계산한다.

$$y = \phi(u) = \phi(w_0 + wx)$$

과정 2-2. 기울기를 구한다.

$$\frac{\partial E_m}{\partial w_0} = \frac{\partial E_m}{\partial u}\frac{\partial u}{\partial w_0} = (y-t)\phi^{'}(u),$$
$$\frac{\partial E_m}{\partial w} = \frac{\partial E_m}{\partial u}\frac{\partial u}{\partial w} = (y-t)\phi^{'}(u)x.$$

과정 2-3. 계산된 기울기와 학습률을 이용하여 가중값을 수정한다.

$$w_0^{(n+1)} = w_0^{(n)} - \eta\frac{\partial E_m}{\partial w_0},$$
$$w^{(n+1)} = w^{(n)} - \eta\frac{\partial E_m}{\partial w}.$$

과정 3. 5개의 데이터에 대해여 과정 2를 모두 수행한 후 수행 전 오차와 수행 후 오차의 차이(Residual)를 계산한다.

$$|E(X, W^{(n+1)}) - E(X, W^{(n)})|$$

과정 4. 과정 3에서 계산한 차이의 크기가 우리가 설정한 오차의 최솟값보다 크거나 설정한 학습 횟수보다 작으면 $n = n + 1$로 설정하고 과정 2, 3을 반복한다. 그렇지 않다면 학습을 끝낸다.

```
# simple_classification_machine_book.py
import numpy as np
def p(uu):
    return 1/(1+np.exp(-uu))
def Dp(uu):
    return (np.exp(-uu)/(1+np.exp(-uu)))**2
def E(yy,tt):
    return np.sum(0.5*(yy-tt)**2)/5
x=np.array([[-2],[-1],[0],[1],[2]]);
t=np.array([[0],[0],[1],[1],[1]])
w=np.random.random();w0=np.random.random()
Tol=1.0e-5;Resid=2*Tol;eta=0.1;MaxIter=1.0e6;n=1
u=w0+w*x;y=p(u);E1=E(y,t)
print('y(0)=(%f,%f,%f,%f,%f)'%tuple(y))
print('E(y,t)=%f'%(E1))
while Resid>=Tol and  n<MaxIter:
```

```
    for i in range(0,len(x)):
        u[i]=w0+w*x[i]
        y[i]=p(u[i])
        dEdw0=(y[i]-t[i])*Dp(u[i])
        dEdw=(y[i]-t[i])*Dp(u[i])*x[i]
        w0=w0-eta*dEdw0
        w=w-eta*dEdw
    u=w0+w*x; y=p(u)
    E2=E(y,t)
    Resid=abs(E2-E1)
    E1=E2; n=n+1
    if np.mod(n,100)==0:
        print('y(%d)='%(n),'(%f,%f,%f,%f,%f)'%tuple(y))
        print('E(y,t)=%f'%(E1))
print('y(%d)='%(n),'(%f,%f,%f,%f,%f)'%tuple(y))
print('E(y,t)=%f'%(E1))
```

```
y(0)=(0.429728,0.486256,0.543137,0.598916,0.652244)
E(y,t)=0.091164
y(100)= (0.009605,0.092262,0.515795,0.917792,0.991526)
E(y,t)=0.024989
y(200)= (0.002871,0.059149,0.578551,0.967716,0.998475)
E(y,t)=0.018217
y(300)= (0.001269,0.043522,0.619644,0.983144,0.999521)
```

```
E(y,t)=0.014685
y(400)= (0.000680,0.034243,0.648772,0.989715,0.999801)
E(y,t)=0.012464
y(500)= (0.000411,0.028125,0.670909,0.993085,0.999901)
E(y,t)=0.010914
y(600)= (0.000269,0.023806,0.688538,0.995035,0.999945)
E(y,t)=0.009760
y(605)= (0.000264,0.023624,0.689329,0.995110,0.999946)
E(y,t)=0.009710
```

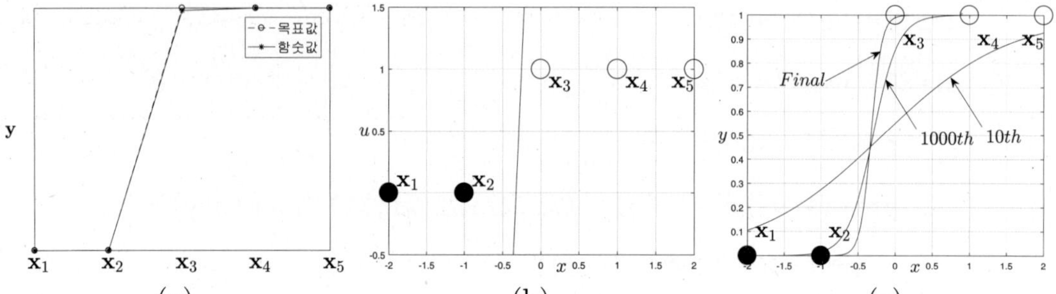

(a) (b) (c)

그림 2.6: (a) 목표값과 함숫값 비교, (b) 추정한 가중값을 이용하여 구한 선형 결정 경계, (c) 예제의 결과.

이렇게 간단한 분류기가 구축되었다. 분류기를 구축하면서 사용한 활성화 함수와 편향에 대해서 간단하게 알아보자. 먼저 편향은 분류하기 위한 기준 값이다. 즉, 추정한 가중 값으로 계산된 가중 합이 편향보다 크다 작다로 분류한다. 이를 수식으로 나타내면 다음과 같다.

$$y = \begin{cases} 0 & wx \le b\text{인 경우}, \\ 1 & wx > b\text{인 경우}. \end{cases}$$

여기서, b는 편향이다. 우리는 가중 값이 바뀜에 따라 편향도 같이 바뀌어야 하므로 다음과 같이 표현하여 사용한다.

$$y = \begin{cases} 0 & -b + wx \leq 0\text{인 경우}, \\ 1 & -b + wx > 0\text{인 경우}. \end{cases}$$

여기서, $-b$는 w_0와 같다. 만약 편향을 수정하지 않고 고정하면, 즉, $b = 0$이라면 [그림 2.7]과 같이 x_3을 제대로 분류를 못하고 있음을 확인할 수 있다. 그 이유는 항상 원점을 지나므로 분류를 제대로 하지 못하게 되는 것이다.

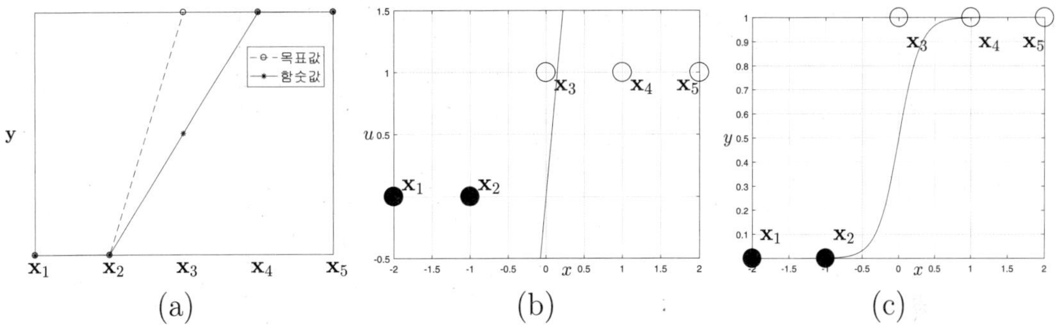

그림 2.7: 편향이 없는 경우: (a) 목표값과 함숫값 비교, (b) 추정한 가중값을 이용하여 구한 결정 경계, (c) 예제의 결과.

활성화 함수는 2가지의 의미를 가지고 있다. 첫 번째는 비선형의 성질을 갖는 것이다. 이는 복잡한 분류를 할 때 유용하게 활용될 수 있다. 두 번째로, 분류 할 때의 특성을 가지고 있다. 위 예제와 같이 0, 1을 분류할 때에는 시그모이드 함수와 같이 함수 값이 $0 \sim 1$ 갖는 함수를 사용하면 된다. 따라서, 분류하는 특성에 맞는 적절한 활성화 함수를 사용하면 된다.

제 3 절 은닉층 (Hidden Layer)

앞 절에서 ⟨예제 7⟩을 통해 단순하게 입력층과 출력층으로 구성되어 있는 분류기를 구축하여 분류가 잘 되는 것을 확인하였다. 그렇다면 ⟨예제 8⟩과 같은 경우에도 분류를 잘 하는지 확인해보자.

예제 8: 1차원 공간에 여섯개의 데이터와 각 데이터의 클래스가 다음과 같이 주어졌다고 하자 ([그림 2.8] 참조).

$X = \{x_1, \cdots, x_6\}, \;\; T = \{t_1, \cdots, t_6\}$

$$x_1 = 2, \quad t_1 = 0$$

$$x_2 = 3, \quad t_2 = 0$$

$$x_3 = 5, \quad t_3 = 1$$

$$x_4 = 6, \quad t_4 = 1$$

$$x_5 = 8, \quad t_5 = 0$$

$$x_6 = 9, \quad t_6 = 0$$

여기서 X는 분류하고자 하는 데이터이고, T는 각 데이터에 해당하는 목표값이다.

```
# nonhiddenlayer_machine_book.py
import numpy as np
def p(uu):
    return 1/(1+np.exp(-uu))
```

```
def Dp(uu):
    return (np.exp(-uu)/(1+np.exp(-uu)))**2
def E(yy,tt):
    return np.sum(0.5*(yy-tt)**2)/5
x=np.array([[2],[3],[5],[6],[8],[9]])
t=np.array([[0],[0],[1],[1],[0],[0]])
np.random.seed(50)
w=np.random.random();w0=np.random.random()
Tol=1.0e-10;Resid=2*Tol;eta=0.1;MaxIter=1.0e6;n=1
u=w0+w*x;y=p(u);E1=E(y,t)
print('y(0)=(%f,%f,%f,%f,%f,%f)'%tuple(y))
print('E(y,t)=%f'%(E1))
while Resid>=Tol and n<=MaxIter:
    for i in range(0,len(x)):
        u[i]=w0*w*x[i]
        y[i]=p(u[i])
        dEdw0=(y[i]-t[i])*Dp(u[i])
        dEdw=(y[i]-t[i])*Dp(u[i])*x[i]
        w0=w0-eta*dEdw0
        w=w-eta*dEdw
    u=w0+w*x;y=p(u)
    E2=E(y,t)
    Resid=abs(E2-E1)
```

```
    E1=E2;n=n+1
    if np.mod(n,200)==0:
        print('y(%d)='%(n),'(%f,%f,%f,%f,%f,%f)'%tuple(y))
        print('E(y,t)=%f'%(E1))
print('y(%d)='%(n),'(%f,%f,%f,%f,%f,%f)'%tuple(y))
print('E(y,t)=%f'%(E1))
```

```
y(0)=(0.771586,0.847081,0.937091,0.960672,0.985005,0.990802)
E(y,t)=0.327032
y(200)= (0.005354,0.000523,0.000005,0.000000,0.000000,0.000000)
E(y,t)=0.200002
y(400)= (0.003934,0.000339,0.000002,0.000000,0.000000,0.000000)
E(y,t)=0.200001
y(600)= (0.003345,0.000270,0.000002,0.000000,0.000000,0.000000)
E(y,t)=0.200001
y(800)= (0.002999,0.000231,0.000001,0.000000,0.000000,0.000000)
E(y,t)=0.200001
y(1000)= (0.002763,0.000206,0.000001,0.000000,0.000000,0.000000)
E(y,t)=0.200001
y(1200)= (0.002589,0.000188,0.000001,0.000000,0.000000,0.000000)
E(y,t)=0.200000
y(1400)= (0.002453,0.000174,0.000001,0.000000,0.000000,0.000000)
E(y,t)=0.200000
y(1600)= (0.002342,0.000163,0.000001,0.000000,0.000000,0.000000)
```

```
E(y,t)=0.200000
y(1800)= (0.002250,0.000154,0.000001,0.000000,0.000000,0.000000)
E(y,t)=0.200000
y(2000)= (0.002172,0.000147,0.000001,0.000000,0.000000,0.000000)
E(y,t)=0.200000
y(2063)= (0.002150,0.000145,0.000001,0.000000,0.000000,0.000000)
E(y,t)=0.200000
```

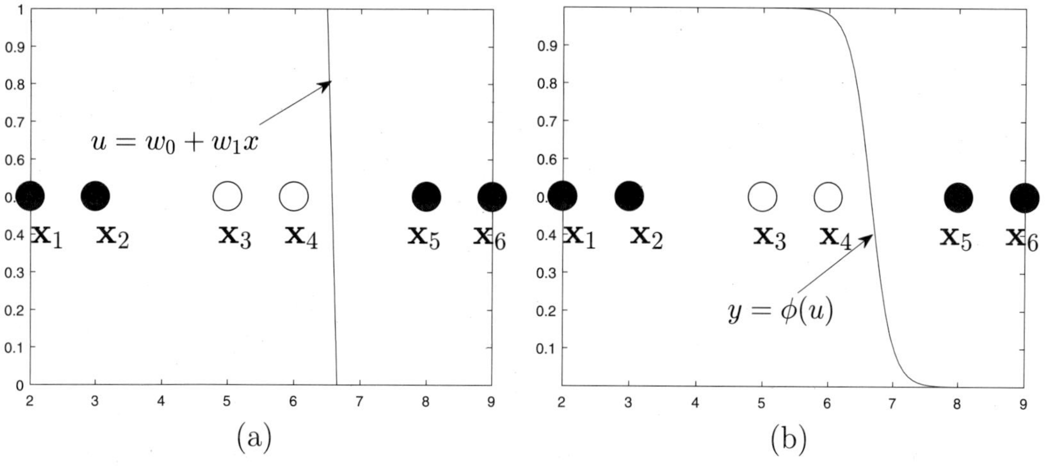

그림 2.8: (a) 선형 결정 경계, (b) 출력층의 출력값.

위 결과를 보면 현재 오차와 수정하기 전 오차의 차이는 '0'에 가까운 값(Resid=9.999915e-11)을 갖지만 비용함수 ($E(W, X)$)는 비교적 큰 값을 갖는다. 즉, [그림 2.8]과 같이 구축된 분류기는 ⟨예제 3⟩의 경우를 제대로 분류하지 못하고 있다.

이러한 복잡한 경우를 분류하기 위해 우리는 [그림 2.9]와 같이 입력층과 출력층 사이에 은닉층이라는 하나의 층을 추가하여 분류기를 생각해볼 수 있다.

[그림 2.9]와 같이 은닉층의 노드를 2개로 설정하면 [그림 2.10 (a)]와 같이

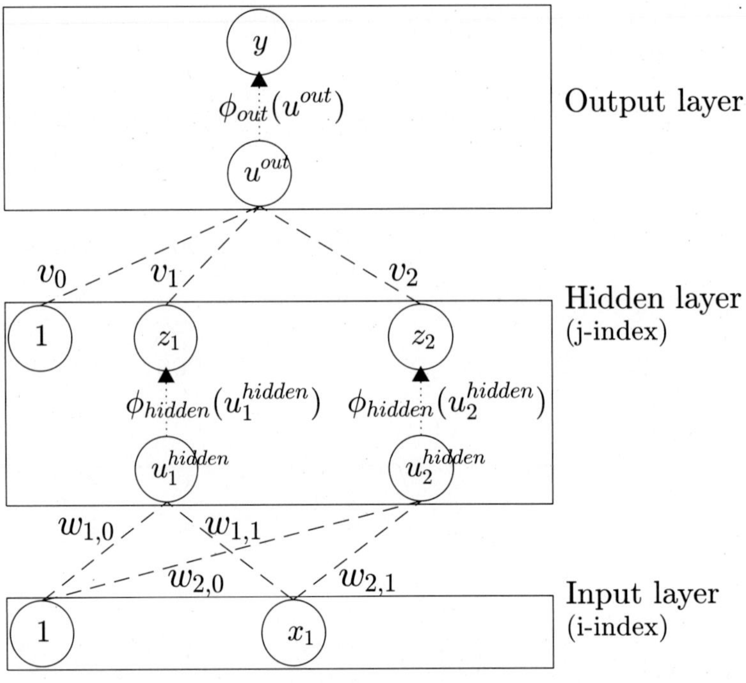

그림 2.9: 은닉층을 추가한 분류기 구조.

선형 결정 경계가 2개 만들어져 ⟨예제 3⟩을 분류하는 분류기가 구축되는 것이다. 이 과정을 수식으로 정리해보자. 먼저, 입력층과 은닉층의 계산과정은 다음과 같다.

$$u_j^{hidden} = w_{j0} + w_{j1}x_1 \qquad (j = 1, 2)$$
$$z_j = \phi_{hidden}(u_j^{hidden}) \qquad (j = 1, 2)$$

다음으로 출력층의 계산 과정은 다음과 같다.

$$u^{out} = v_0 + \sum_{j=1}^{2} v_j z_j$$
$$y = \phi_{out}(u^{out})$$

이다.

x_1을 확장하여 $\tilde{\mathbf{x}} = [1 \quad x_1]^T$라 하고 z_1, z_2를 확장하여 $\tilde{\mathbf{z}} = [1 \quad z_1 \quad z_2]^T$라 하자. W와 V를 다음과 같이 행렬과 벡터로 놓자.

$$W = \begin{pmatrix} w_{10} & w_{11} \\ \\ w_{20} & w_{21} \end{pmatrix}, \qquad V = (v_0 \quad v_1 \quad v_2).$$

위 식을 벡터와 행렬로 표현하면 다음과 같다.

$$\mathbf{z} = \phi_{hidden}(\mathbf{u}^{hidden}) = \phi_{hidden}(W\tilde{\mathbf{x}})$$

$$y = \phi_{out}(u^{out}) = \phi_{out}(V\tilde{\mathbf{z}})$$

그럼 은닉층을 추가한 분류기를 구축하는 과정을 알아보자. 여기서 비용함수는 다음과 같다.

$$E(X, W, V) = \frac{1}{6}\sum_{m=1}^{6} E_m(x_m, W, V) = \frac{1}{6}\sum_{m=1}^{6} \frac{1}{2}||t_m - y_m||^2.$$

은닉층을 추가한 분류기 구축 과정:

은닉층이 한층 추가되고 은닉노드가 2개인 경우를 살펴보자.

과정 1. 초기설정

학습률(η)은 0.1, 초기 가중값(W, V)은 임의의 값으로 설정, 그리고 학습횟수(n) 를 설정한다.

과정 2. 6개의 데이터($\mathbf{x}$)에 대해서 가중값(W, V)을 수정하는데 한 번에 한 개의 데이터에 대해서 다음 가중값을 수정하면 된다.

과정 2-1. 함숫값(y) 계산

현재 설정되어 있는 가중 값을 이용하여 출력값(y)을 계산한다.

$$z_1 = \phi_{hidden}(u_1^{hidden}) = \phi_{hidden}(w_{10} + w_{11}x_1)$$

$$z_2 = \phi_{hidden}(u_2^{hidden}) = \phi_{hidden}(w_{20} + w_{21}x_1)$$

$$y = \phi_{out}(u^{out}) = \phi(v_0 + v_1 z_1 + v_2 z_2)$$

과정 2-2. 기울기 계산

$$\begin{aligned}
\frac{\partial E_m}{\partial v_j} &= \frac{\partial E_m}{\partial u^{out}}\frac{\partial u^{out}}{\partial v_j} = (y-t)\phi^{'}(u^{out})z_j, \quad j = 0, 1, 2, \\
\frac{\partial E_m}{\partial w_{j,i}} &= \frac{\partial E_m}{\partial u_j^{hidden}}\frac{\partial u_j^{hidden}}{\partial w_{j,i}} = \frac{\partial E_m}{\partial u^{out}}\frac{\partial u^{out}}{\partial u_j^{hidden}}x_i \\
&= (y-t)\phi^{'}(u^{out})\phi^{'}(u_j^{hidden})v_j x_i, \quad i = 0, 1, \quad j = 1, 2.
\end{aligned}$$

여기서, $x_0 = 1, z_0 = 1$.

과정 2-3. 계산된 수정항과 학습률을 이용하여 가중값을 수정한다.

$$\begin{aligned}
w_{j,i}^{(n+1)} &= w_{j,i}^{(n)} - \eta\frac{dE_m^{(n)}}{dw_{j,i}}, \quad i = 0, 1, \quad j = 1, 2, \\
v_j^{(n+1)} &= v_j^{(n)} - \eta\frac{dE_m^{(n)}}{dv_j}, \quad j = 0, 1, 2.
\end{aligned}$$

과정 3. 6개의 데이터에 대하여 과정 2를 모두 수행한 후 수행 전, 후 오차의 차이를 계산한다.

$$|E(X, W^{(n+1)}) - E(X, W^{(n)})|$$

과정 4. 과정 3에서 계산한 차이의 크기가 우리가 설정한 오차의 최솟값보다 크거나 설정한 학습 횟수보다 작으면 $n = n + 1$로 설정하고 과정 2, 3을 반복한다. 그렇지 않다면 학습을 끝낸다.

```
# hiddenlayer_machine_book.py
import numpy as np
def p(uu):
    return 1/(1+np.exp(-uu))
def Dp(uu):
    return np.exp(-uu)/(1+np.exp(-uu))**2
def E(yy,tt):
    return np.sum(0.5*(yy-tt)**2)/6
x=np.array([[2],[3],[5],[6],[8],[9]])
t=np.array([[0],[0],[1],[1],[0],[0]])
w=np.array([[-4,1],[6.5,-1]])
v=np.array([-1,1,1])
Tol=1.0e-5;Resid=Tol*2;eta=2.5;MaxIter=1.0e6;n=1
E1=1000;y=np.zeros([1,6])
while Resid>=Tol and n<=MaxIter:
    for m in range(0,len(t)):
        xx=np.vstack([[1],[x[m]]])
        uh=np.dot(w,xx)
        z=p(uh)
```

```
        z=np.vstack([[1],z])
        uo=np.dot(v,z)
        y[0,m]=p(uo)
        dEdv=(y[0,m]-t[m])*Dp(uo)*z.T
        dEdw=((y[0,m]-t[m])*Dp(uo))*(Dp(uh)*v.T[1:])*xx.T
        v=v-eta*dEdv
        w=w-eta*dEdw
    for m in range(0,len(t)):
        xx=np.vstack([[1],[x[m]]])
        uh=np.dot(w,xx)
        z=p(uh)
        z=np.vstack([[1],z])
        uo=np.dot(v,z)
        y[0,m]=p(uo)
    E2=E(y.T,t)
    Resid=abs(E2-E1)
    E1=E2;n+=1
    if (np.mod(n,100)==0):
        print('y(%d)='%(n),'(%f,%f,%f,%f,%f,%f)'%tuple(y.T))
        print('E(y,t)=%f'%(E1))
print('y(%d)='%(n),'(%f,%f,%f,%f,%f,%f)'%tuple(y.T))
print('E(y,t)=%f'%(E1))
```

```
y(100)= (0.060886,0.192589,0.364553,0.305791,0.290988,0.290719)
E(y,t)=0.091309
y(200)= (0.035619,0.139613,0.397566,0.261279,0.250047,0.250012)
E(y,t)=0.087869
y(300)= (0.035986,0.100992,0.801977,0.476636,0.130961,0.129858)
E(y,t)=0.029886
y(400)= (0.047142,0.080391,0.905186,0.885615,0.097811,0.085104)
E(y,t)=0.003964
y(495)= (0.045107,0.069395,0.934128,0.926967,0.061881,0.049070)
E(y,t)=0.001897
```

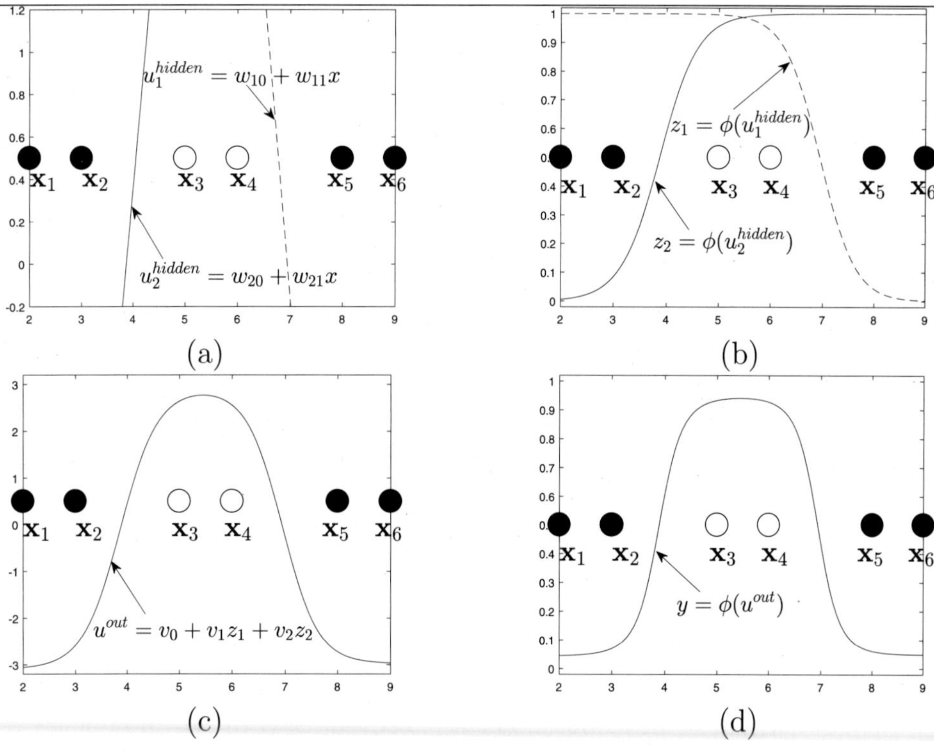

그림 2.10: 예제 8. 추정한 가중값을 이용하여 구한 (a) 선형 결정 경계, (b) 은닉층의 출력값, (c) 비선형 결정 경계, (d) 예제의 결과.

제 4 절 MNIST database

MNIST(Mixed National Institute of Standards and Technology database) 데이터베이스는 Yann LeCun의 웹 사이트(http://yann.lecun.com/exdb/mnist)에 28×28 픽셀 사이즈의 숫자(0부터 9까지) 이미지 데이터와 각 이미지에 해당하는 레이블데이터로 구성되어 있다. [그림 2.14]부터 [그림 2.23]은 MNIST 데이터베이스에 있는 숫자들을 나타낸다. 다음 [표 2.1]와 [그림 2.11]는 6만개의 학습데이터의 각 숫자들의 갯수를 나타낸 것이다.

표 2.1: MNIST 숫자 이미지 데이터의 갯수. 총 합계 60000.

숫자	0	1	2	3	4
학습 데이터	5923	6742	5958	6131	5842
숫자	5	6	7	8	9
학습 데이터	5421	5918	6265	5851	5949

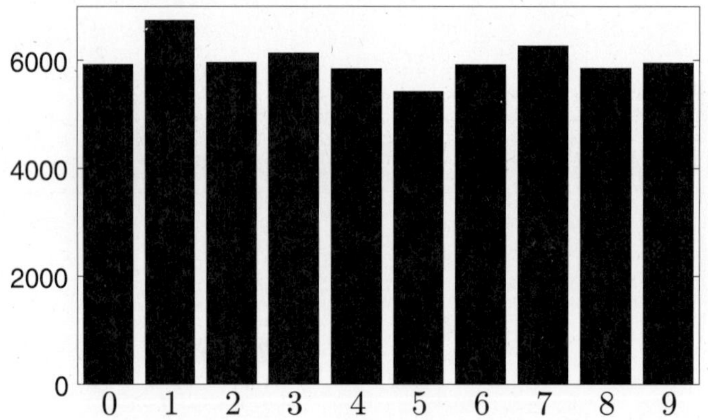

그림 2.11: 학습 이미지 데이터의 각 숫자의 갯수.

각 이미지 데이터는 28×28 픽셀로 구성되어 있으며 각 픽셀에는 픽셀의 밝기값(Intensity)을 grayscale로 표현하여 그 값을 저장해 두었다. 데이터베이스는 두 부분으로 되어 있는데 하나는 숫자이미지 데이터와 그에 해당하는 레

이블 데이터이다. 학습이미지 데이터는 47040000(= 60000 × 28 × 28)차원의 벡터로 구성되어 있고 784(= 28 × 28)개마다 1개의 이미지 데이터 의미를 가지고 있다.

$$
\begin{aligned}
X(1,1:784) &= [\ x_1, \quad x_2, \quad \cdot \quad \cdot \quad \cdot \quad , x_{784}] \\
X(2,1:784) &= [\ x_{785}, \quad x_{786}, \quad \cdot \quad \cdot \quad \cdot \quad , x_{1568}] \\
&\ \ \vdots \\
X(60000,1:784) &= [\ x_{47039217}, \quad \cdot \quad \cdot \quad \cdot \quad , x_{47040000}\ ]
\end{aligned}
$$

그림 2.12: 전처리된 이미지 데이터 행렬.

[그림 2.12]와 같이 우리는 47040000개의 정보를 784개 단위로 6만개 이미지로 분리한 뒤 학습하는데 활용할 것이다. 설명의 편의를 위해서 MNIST 데이터베이스를 읽어 오는 대신에 본 교재에서는 데이터베이스를 사용하기 쉽게 전처리하여 제공하겠다. 다음 [그림 2.13]은 학습 데이터 안에 있는 0부터 9까지의 숫자들을 출력한 결과이다. 각 그림의 격자는 28 × 28로 되어 있다.

제 5 절 숫자인식 머신러닝 알고리즘

28 × 28 크기의 숫자 이미지 데이터 $\mathbf{x}$가 입력되면 그 이미지가 어떤 숫자인지를 알려주는 $\mathbf{y} = (y_1, y_2, \cdots, y_{10})$를 출력하는 함수 f를 구축하려고 한다.

$$
\mathbf{y} = f(\mathbf{x}, W, V), \tag{2.9}
$$

여기서 W, V는 알고리즘이 주어진 학습 데이터를 이용하여 학습을 통해서 정해야 하는 상수 행렬이다. 만약에 $y_k = \max_{1\leq i\leq 10} y_i$ 이면 입력 이미지 $\mathbf{x}$를 숫

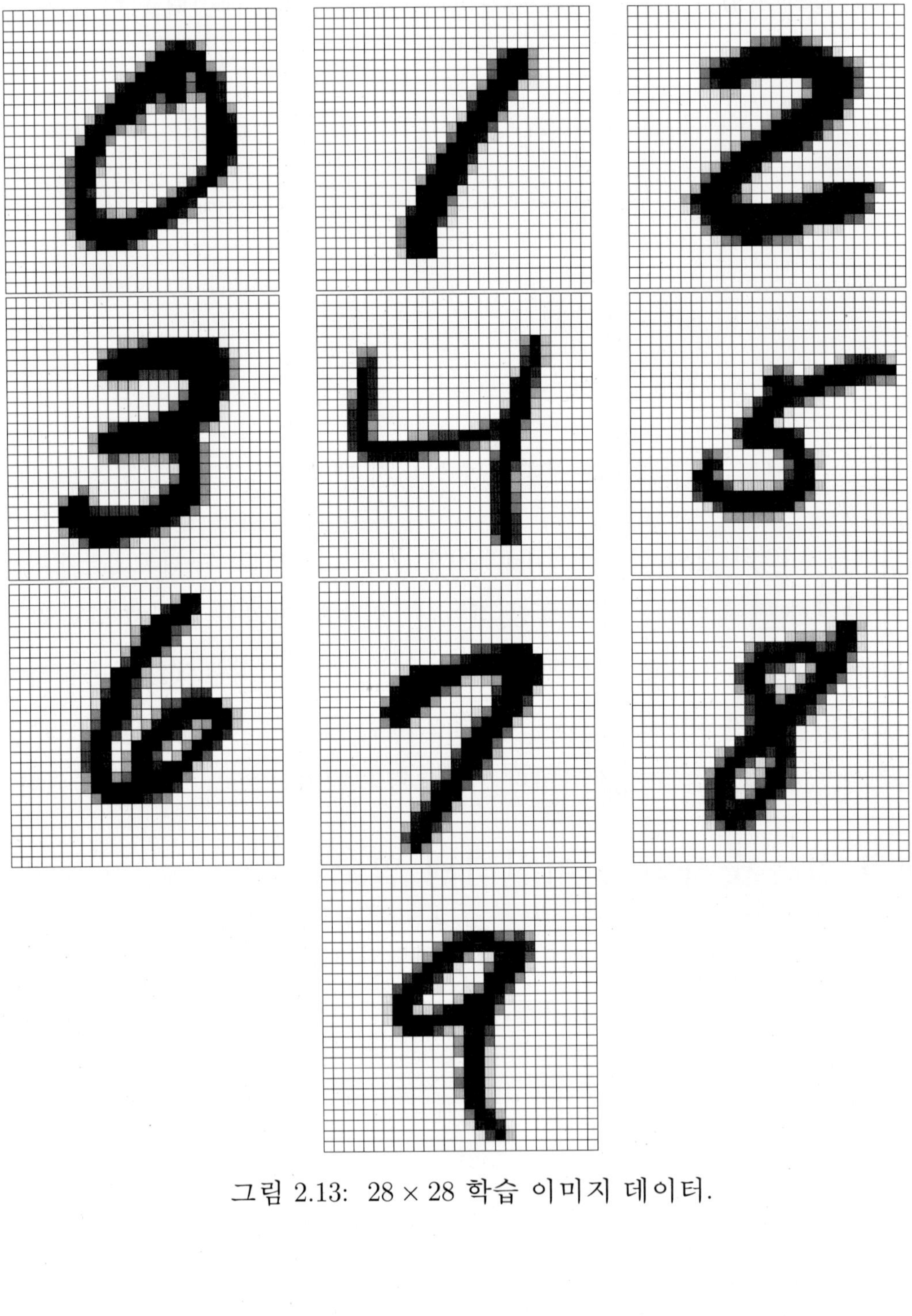

그림 2.13: 28×28 학습 이미지 데이터.

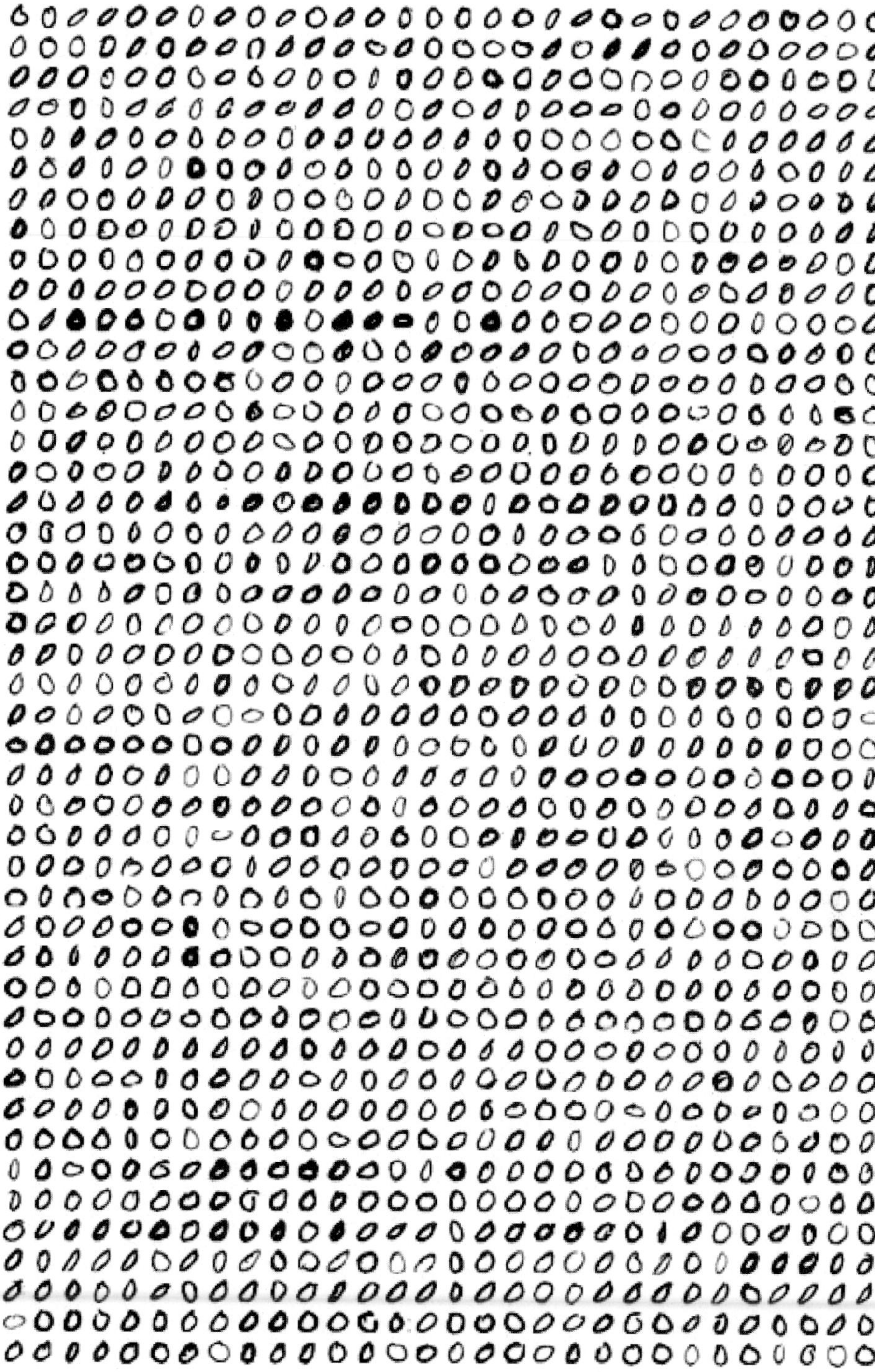

그림 2.14: MNIST 데이터베이스 숫자 0.

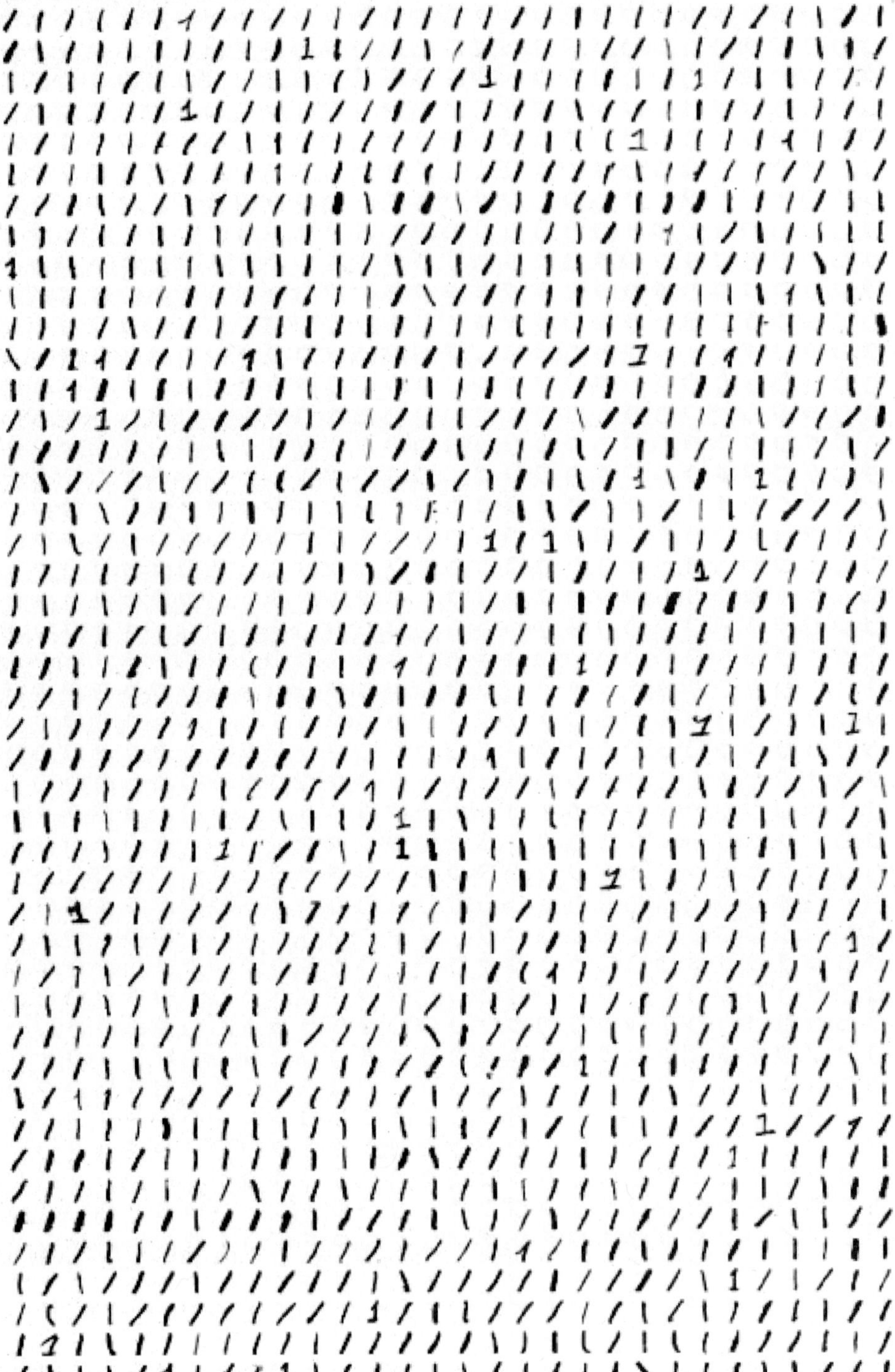

그림 2.15: MNIST 데이터베이스 숫자 1.

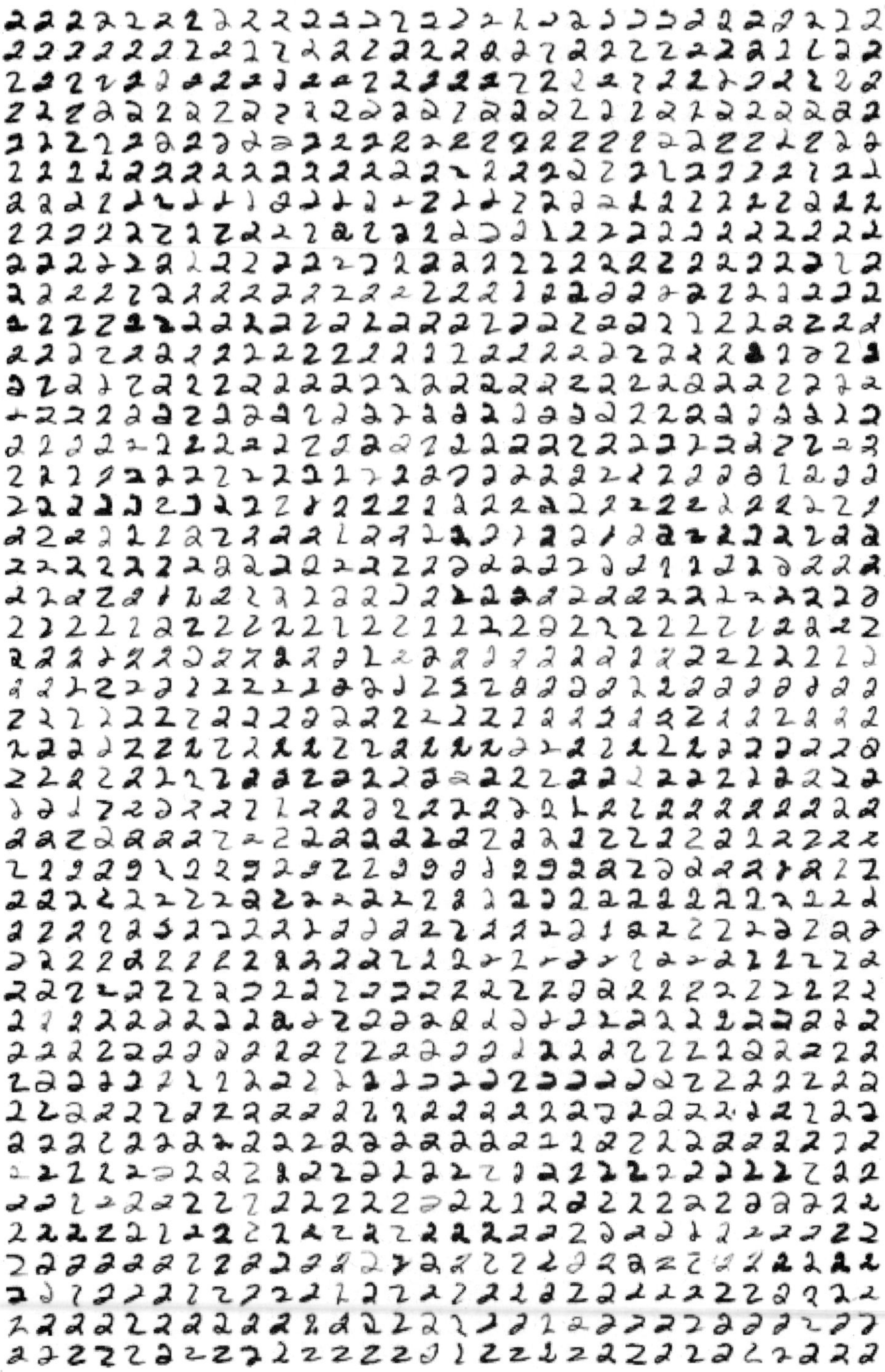

그림 2.16: MNIST 데이터베이스 숫자 2.

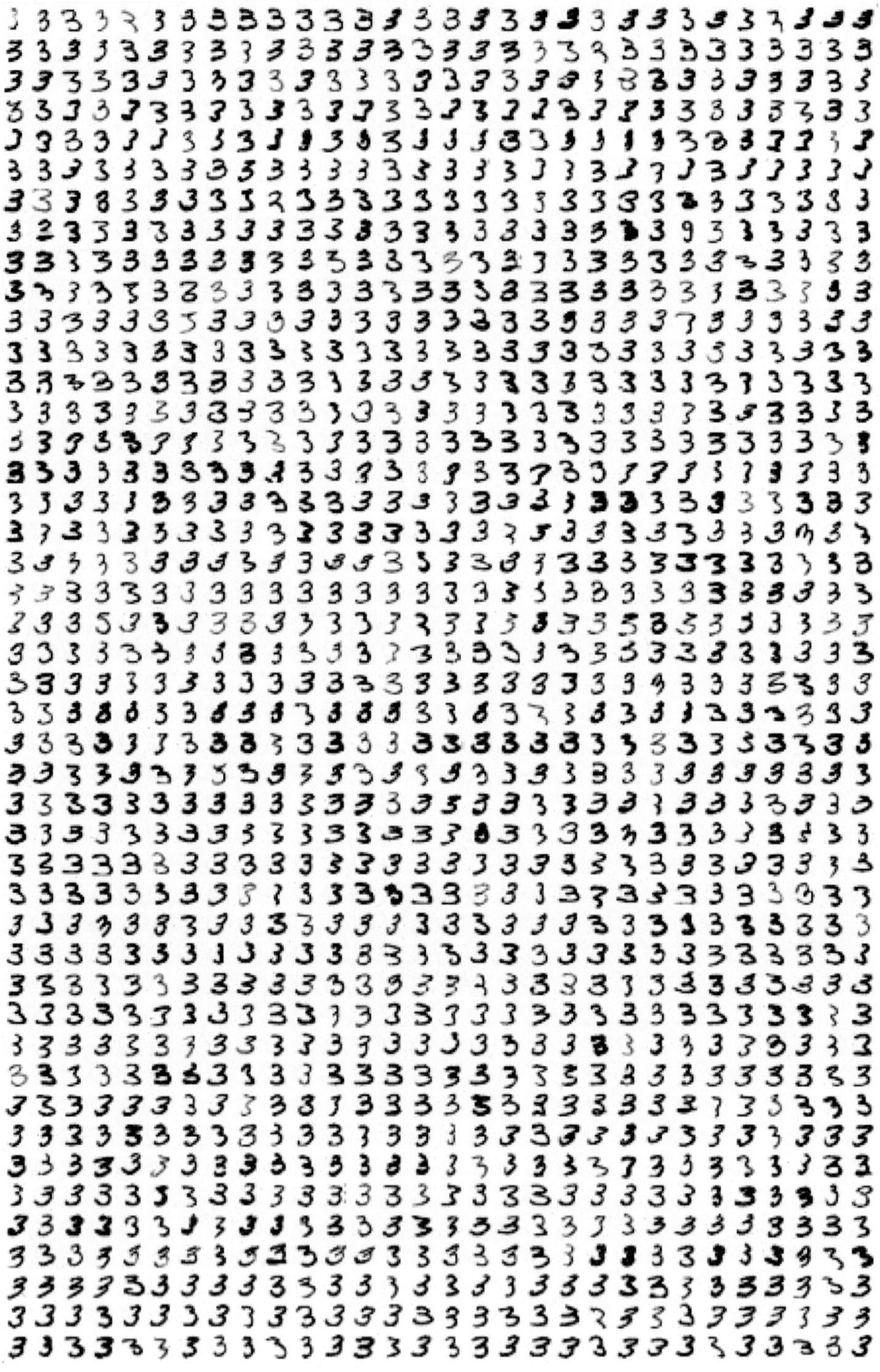

그림 2.17: MNIST 데이터베이스 숫자 3.

그림 2.18: MNIST 데이터베이스 숫자 4.

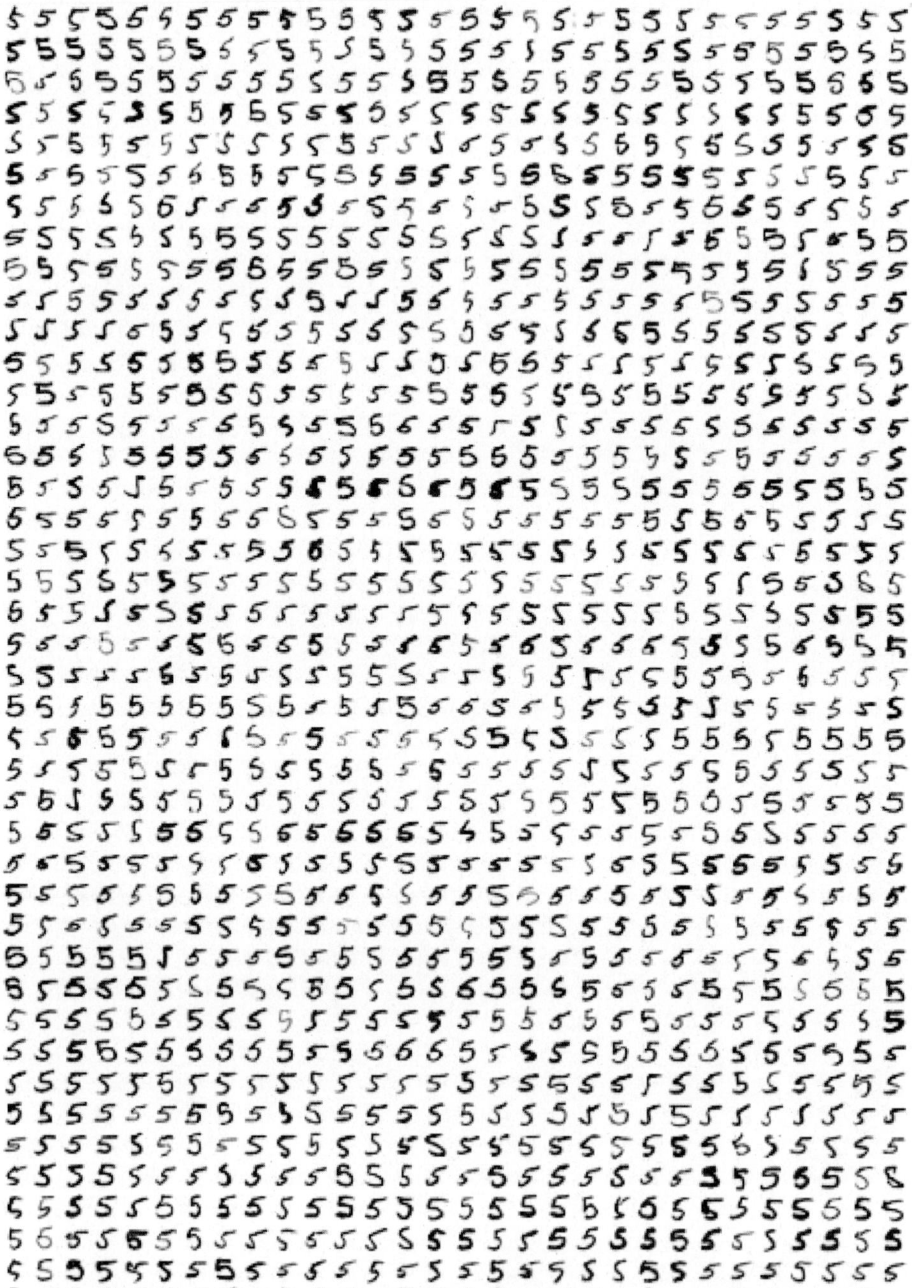

그림 2.19: MNIST 데이터베이스 숫자 5.

그림 2.20: MNIST 데이터베이스 숫자 6.

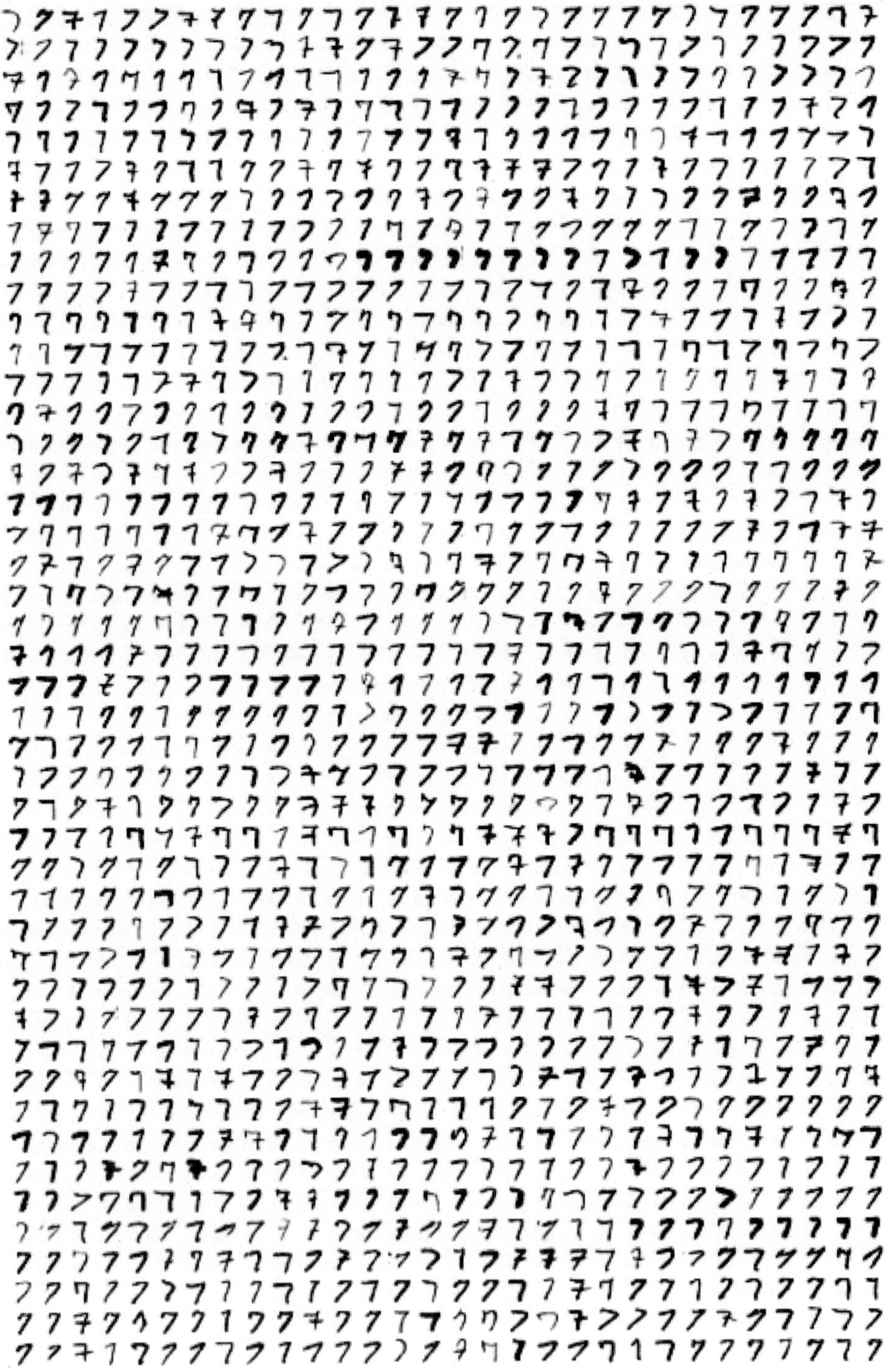

그림 2.21: MNIST 데이터베이스 숫자 7.

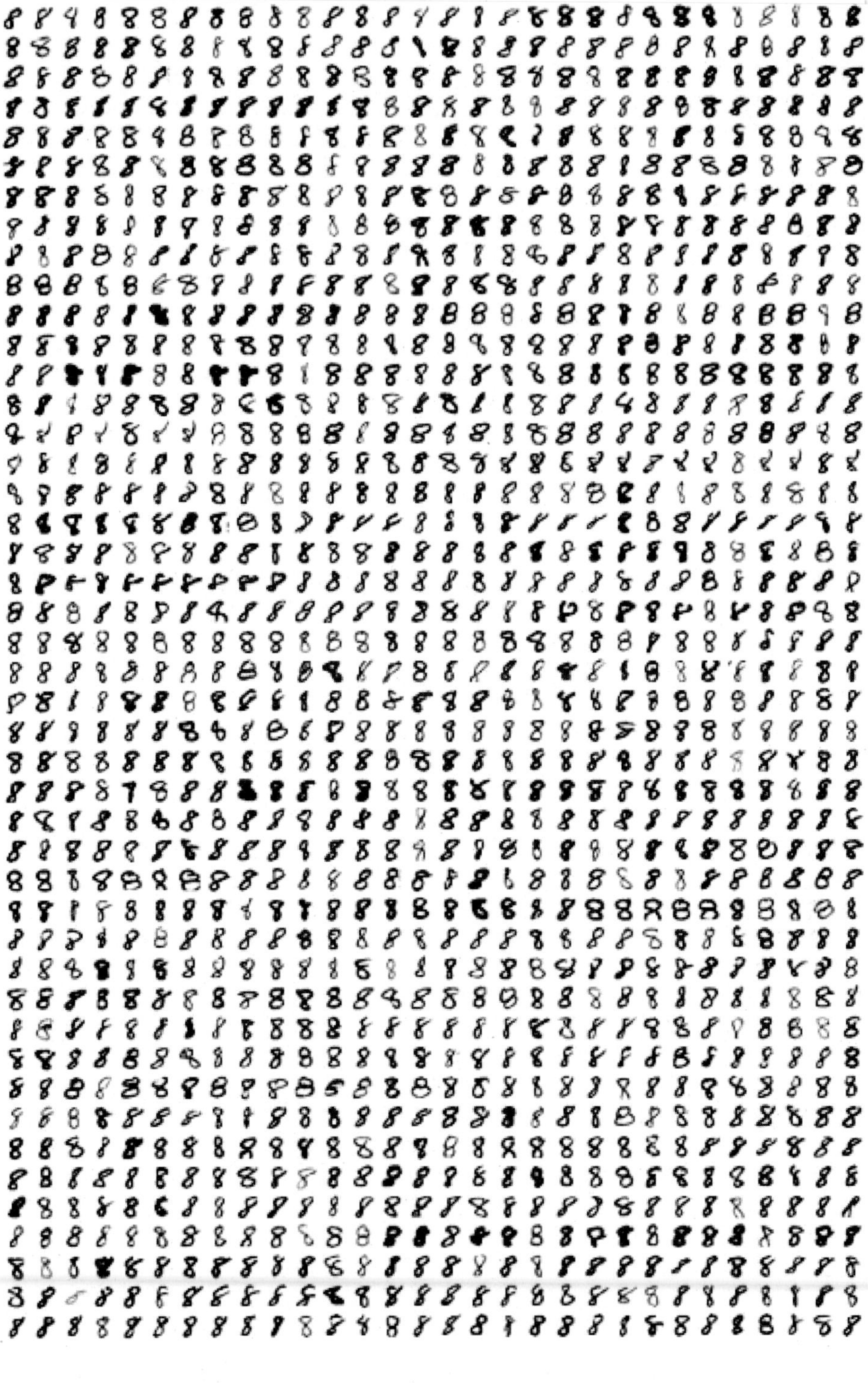

그림 2.22: MNIST 데이터베이스 숫자 8.

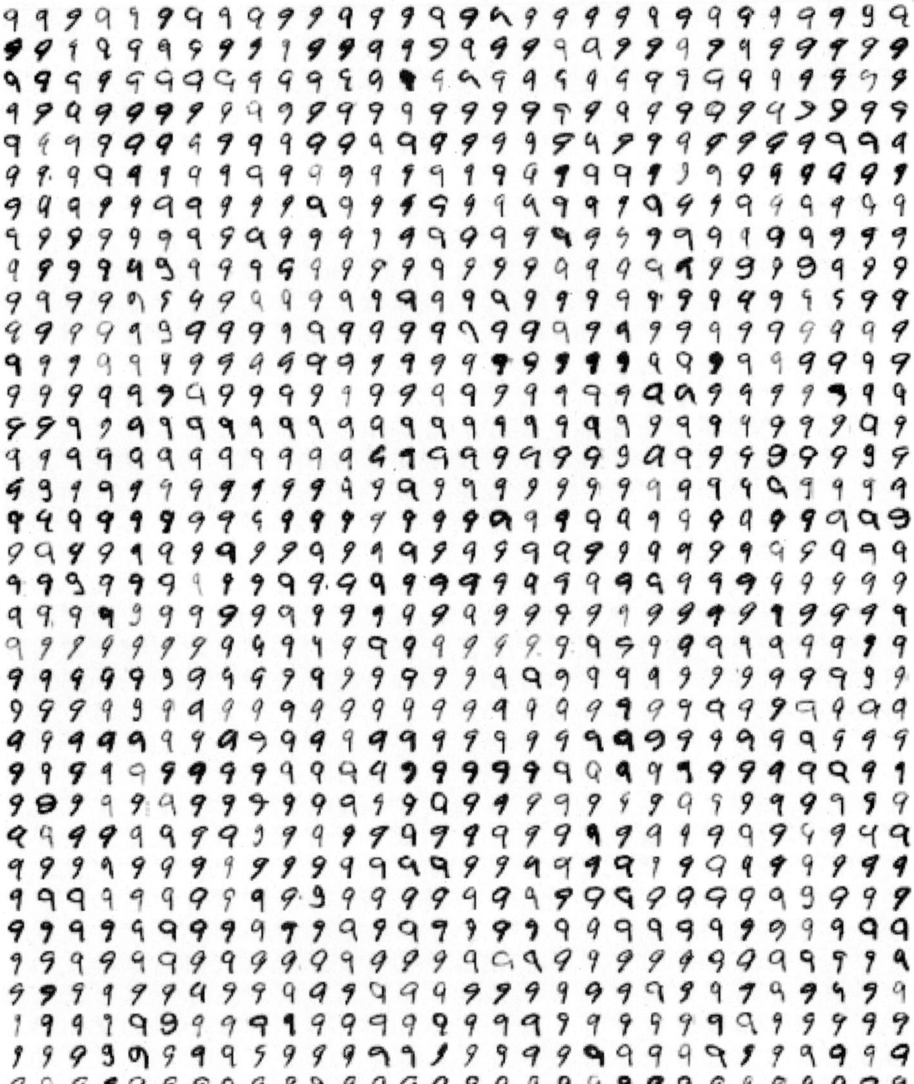

그림 2.23: MNIST 데이터베이스 숫자 9.

자 k로 인식을 할 것이다. 여기서 $k = 10$인 경우는 숫자 0과 동일시한다. 숫자인식 머신러닝 알고리즘의 목표는 주어진 학습 데이터로부터 W, V의 값을 잘 구해서, 새로운 이미지가 나타내는 숫자에 대해 함수 (2.9)를 이용하여 판별하는 것이다. 행렬 W, V의 값이 주어졌을 때, $\mathbf{y}$를 구하는 방법을 자세히 알아보자. 숫자 이미지 데이터 $\mathbf{x} = [x_1, x_2, \cdots, x_{784}]^T$에 $x_0 = 1$을 추가하여 $\tilde{\mathbf{x}} = [x_0, x_1, x_2, \cdots, x_{784}]^T$ 을 입력 데이터로 놓자. 총 30개의 은닉층의 노드들 각각을 계산하기 위해서 주어진 이미지 데이터 $\tilde{\mathbf{x}} = [x_0\ x_1\ x_2\ \cdots\ x_{784}]^T$에 가중값 785개 $(w_{j,0}, \cdots, w_{j,i}, \cdots, w_{j,784})$가 곱해져서 합산하게 된다. 즉, $j = 1, \cdots, 30$에 대해서 다음을 계산한다.

$$u_j^{hidden} = w_{j,0}x_0 + \cdots + w_{j,i}x_i + \cdots + w_{j,784}x_{784} \tag{2.10}$$

[그림 2.24]을 보면 위 과정은 입력층(Input layer)에서 은닉층 (Hidden layer)에 도식화 되었다.

이를 행렬과 벡터의 곱으로 나타내면 다음과 같다.

$$\mathbf{u}^{hidden} = \begin{pmatrix} u_1^{hidden} \\ \vdots \\ u_j^{hidden} \\ \vdots \\ u_{30}^{hidden} \end{pmatrix} = \begin{pmatrix} \sum_{i=0}^{784} w_{1,i}x_i \\ \vdots \\ \sum_{i=0}^{784} w_{j,i}x_i \\ \vdots \\ \sum_{i=0}^{784} w_{30,i}x_i \end{pmatrix} \tag{2.11}$$

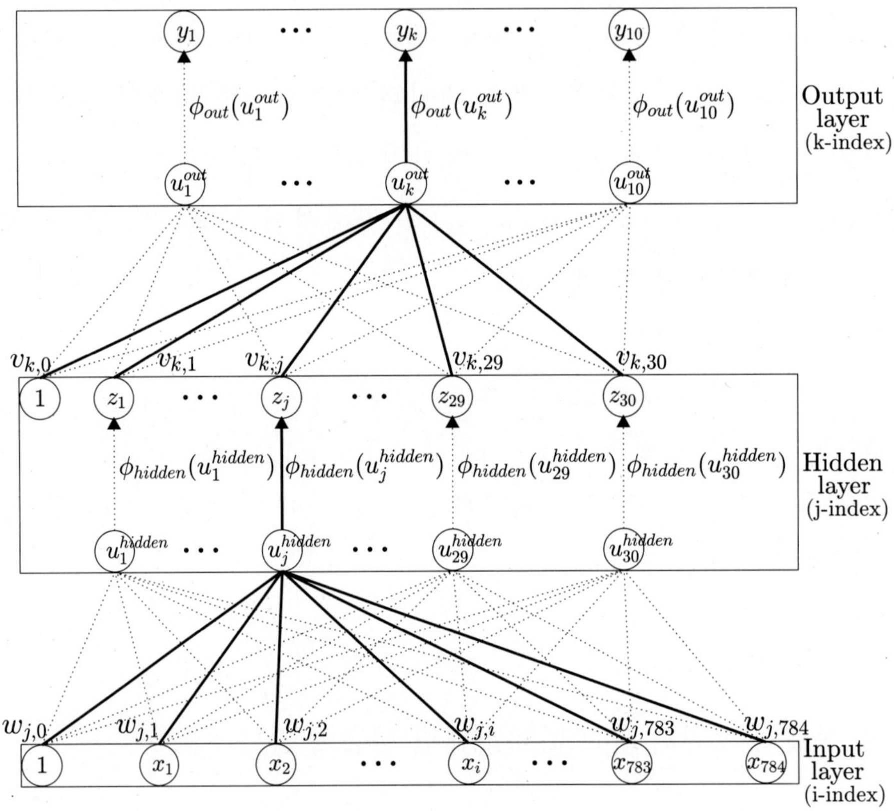

그림 2.24: Input layer: $\tilde{\mathbf{x}} = [1\ x_1\ x_2\ \cdots\ x_{784}]^T$.

Hidden layer: $z_j = \phi_{hidden}(\sum_{i=0}^{784} w_{j,i}x_i),\ 1 \le j \le 30,\ x_0 = 1.$

Output layer: $y_k = \phi_{out}(\sum_{j=0}^{30} v_{k,j}z_j),\ 1 \le k \le 10,\ z_0 = 1.$

$$= \begin{pmatrix} w_{1,0}x_0 + \cdots + w_{1,i}x_i + \cdots + w_{1,784}x_{784} \\ \vdots \\ w_{j,0}x_0 + \cdots + w_{j,i}x_i + \cdots + w_{j,784}x_{784} \\ \vdots \\ w_{30,0}x_0 + \cdots + w_{30,i}x_i + \cdots + w_{30,784}x_{784} \end{pmatrix}$$

$$= \begin{pmatrix} w_{1,0} & \cdots & w_{1,i} & \cdots & w_{1,784} \\ \vdots & & \vdots & & \vdots \\ w_{j,0} & \cdots & w_{j,i} & \cdots & w_{j,784} \\ \vdots & & \vdots & & \vdots \\ w_{30,0} & \cdots & w_{30,i} & \cdots & w_{30,784} \end{pmatrix} \begin{pmatrix} x_0 \\ \vdots \\ x_i \\ \vdots \\ x_{784} \end{pmatrix} = W\tilde{\mathbf{x}}$$

여기서 $x_0 = 1$, 그리고 $w_{j,0},\ j = 1,\ \cdots, 30$는 편향이다. 가중값 W는 30×785 크기의 행렬이다. 이렇게 구한 가중합 $\mathbf{u}^{hidden}$은 은닉층의 입력이 되고 은닉층의 활성화 함수로 시그모이드 (sigmoid) 함수 $\phi_{hidden}(u) = \dfrac{1}{1 + e^{-u}}$를 사용하여

은닉층의 출력을 다음과 같이 계산한다.

$$\mathbf{z} = \begin{pmatrix} z_1 \\ \vdots \\ z_j \\ \vdots \\ z_{30} \end{pmatrix} = \begin{pmatrix} \phi_{hidden}(u_1^{hidden}) \\ \vdots \\ \phi_{hidden}(u_j^{hidden}) \\ \vdots \\ \phi_{hidden}(u_{30}^{hidden}) \end{pmatrix} = \begin{pmatrix} \phi_{hidden}\left(\sum_{i=0}^{784} w_{1,i}x_i\right) \\ \vdots \\ \phi_{hidden}\left(\sum_{i=0}^{784} w_{j,i}x_i\right) \\ \vdots \\ \phi_{hidden}\left(\sum_{i=0}^{784} w_{30,i}x_i\right) \end{pmatrix} \tag{2.12}$$

위 과정은 [그림 2.24]에서 은닉층 (Hidden layer)에 도식화 되었다. 은닉층의 출력값 $\mathbf{z} = [z_1, z_2, \cdots, z_{30}]^T$에 $z_0 = 1$을 추가하여 $\tilde{\mathbf{z}} = [z_0, z_1, z_2, \cdots, z_{30}]^T$ 를 만들자. 총 10개의 결과를 얻기 위해 $\tilde{\mathbf{z}} = [z_0, z_1, z_2, \cdots, z_{30}]^T$에 가중값 31개 $(v_{k,0}, \cdots, v_{k,j}, \cdots, v_{k,30})$가 곱해져서 합산하게 된다. 즉, $k = 1, \cdots, 10$에 대해서 다음을 계산한다.

$$u_k^{out} = v_{k,0}z_0 + \cdots + v_{k,j}z_j + \cdots + v_{k,30}z_{30} \tag{2.13}$$

[그림 2.24]을 보면 위 과정은 은닉층 (Hidden layer)에서 출력층 (Output layer)에 도식화 되었다. 이를 행렬과 벡터의 곱으로 나타내면 다음과 같다.

$$\mathbf{u}^{out} = \begin{pmatrix} u_1^{out} \\ \vdots \\ u_k^{out} \\ \vdots \\ u_{10}^{out} \end{pmatrix} = \begin{pmatrix} \sum_{j=0}^{30} v_{1,j} z_j \\ \vdots \\ \sum_{j=0}^{30} v_{k,j} z_j \\ \vdots \\ \sum_{j=0}^{30} v_{10,j} z_j \end{pmatrix} = \begin{pmatrix} v_{1,0} z_0 + \cdots + v_{1,j} z_j + \cdots + v_{1,30} z_{30} \\ \vdots \\ v_{k,0} z_0 + \cdots + v_{k,j} z_j + \cdots + v_{k,30} z_{30} \\ \vdots \\ v_{10,0} z_0 + \cdots + v_{10,j} z_j + \cdots + v_{10,30} z_{30} \end{pmatrix}$$

$$= \begin{pmatrix} v_{1,0} & \cdots & v_{1,j} & \cdots & v_{1,30} \\ \vdots & & \vdots & & \vdots \\ v_{k,0} & \cdots & v_{k,j} & \cdots & v_{k,30} \\ \vdots & & \vdots & & \vdots \\ v_{10,0} & \cdots & v_{10,j} & \cdots & v_{10,30} \end{pmatrix} \begin{pmatrix} z_0 \\ \vdots \\ z_j \\ \vdots \\ z_{30} \end{pmatrix} = V\tilde{\mathbf{z}} \tag{2.14}$$

여기서 $z_0 = 1$, 그리고 $v_{k,0}$, $j = 1, \cdots, 10$는 편향이다. 가중값 V는 10×31 크기의 행렬이다. 이렇게 구한 가중합 $\mathbf{u}^{out}$은 출력층의 입력이 되고 출력층의 활성화 함수로 시그모이드 함수 $\phi_{out}(u) = \dfrac{1}{1+e^{-u}}$를 사용하여 출력층의 출력을 다음과 같이 계산한다.

$$\mathbf{y} = \begin{pmatrix} y_1 \\ \vdots \\ y_k \\ \vdots \\ y_{10} \end{pmatrix} = \begin{pmatrix} \phi_{out}(u_1^{out}) \\ \vdots \\ \phi_{out}(u_k^{out}) \\ \vdots \\ \phi_{out}(u_{10}^{out}) \end{pmatrix} = \begin{pmatrix} \phi_{out}\left(\sum_{j=0}^{30} v_{1,j} z_j\right) \\ \vdots \\ \phi_{out}\left(\sum_{j=0}^{30} v_{k,j} z_j\right) \\ \vdots \\ \phi_{out}\left(\sum_{j=0}^{30} v_{10,j} z_j\right) \end{pmatrix}. \tag{2.15}$$

위 과정을 형식적으로 표현하면 다음과 같다.

$$\mathbf{y} = f(\mathbf{x}, W, V) = \phi_{out}\left[V \widetilde{\phi_{hidden}}(W\tilde{\mathbf{x}})\right]. \tag{2.16}$$

지금까지의 계산에서 우리는 W, V의 값을 이미 알고 있다는 가정하에서 이미지 데이터 $\mathbf{x}$ 가 입력되면 $\mathbf{y}$를 출력할 수 있었다. 그러나 일반적으로 W, V의 값을 미리 알 수는 없다. 지금부터는 학습데이터를 이용하여 W, V의 값을 정하는 것을 알아보자. MNIST에서 6만개의 학습이미지 데이터 ($X = \{\mathbf{x}_1, \mathbf{x}_2, \cdots, \mathbf{x}_{60000}\}$)와 각 학습 이미지 데이터에 해당하는 라벨 데이터 ($T = \{\mathbf{t}_1, \mathbf{t}_2, \cdots, \mathbf{t}_{60000}\}$)를 이용 할 것이다.

오차함수는 다음과 같이 정의하고 오차함수가 최소가 되는 W, V의 값을 경사 하강법 (Gradient descent method) 을 사용하여 구해보자.

$$\mathbf{E}(X, T, W, V) = \frac{1}{60000} \sum_{l=1}^{60000} E_l(\mathbf{x}_l, \mathbf{t}_l, W, V), \tag{2.17}$$

$$E_l(\mathbf{x}_l, \mathbf{t}_l, W, V) = \frac{1}{2}\|\mathbf{y}_l - \mathbf{t}_l\|^2, \quad \|\mathbf{t}\|^2 = \sum_{k=1}^{10} t_k^2. \tag{2.18}$$

여기서 $\mathbf{t}_l = [t_1\ t_2\ \cdots\ t_{10}]^T$는 l번째 이미지의 숫자를 나타내는 값이다. 즉, 다음과 같이 각 숫자를 나타내는 벡터이다.

$$\begin{aligned}
&\text{숫자 1번 이미지}: \quad \mathbf{t} = [1,0,0,0,0,0,0,0,0,0]\\
&\text{숫자 2번 이미지}: \quad \mathbf{t} = [0,1,0,0,0,0,0,0,0,0]\\
&\text{숫자 3번 이미지}: \quad \mathbf{t} = [0,0,1,0,0,0,0,0,0,0]\\
&\text{숫자 4번 이미지}: \quad \mathbf{t} = [0,0,0,1,0,0,0,0,0,0]\\
&\text{숫자 5번 이미지}: \quad \mathbf{t} = [0,0,0,0,1,0,0,0,0,0]\\
&\text{숫자 6번 이미지}: \quad \mathbf{t} = [0,0,0,0,0,1,0,0,0,0]\\
&\text{숫자 7번 이미지}: \quad \mathbf{t} = [0,0,0,0,0,0,1,0,0,0]\\
&\text{숫자 8번 이미지}: \quad \mathbf{t} = [0,0,0,0,0,0,0,1,0,0]\\
&\text{숫자 9번 이미지}: \quad \mathbf{t} = [0,0,0,0,0,0,0,0,1,0]\\
&\text{숫자 0번 이미지}: \quad \mathbf{t} = [0,0,0,0,0,0,0,0,0,1]
\end{aligned}$$

편의상 $\mathbf{x} = \mathbf{x}_l$, $\mathbf{t} = \mathbf{t}_l$라 하자. 즉,

$$\begin{aligned}
\mathbf{y} &= (y_1, y_2, \cdots, y_{10}),\\
\mathbf{t} &= (t_1, t_2, \cdots, t_{10}).
\end{aligned}$$

그러면 식 (2.18)는 다음과 같이 쓸 수 있다.

$$
\begin{aligned}
E_l(\mathbf{x}, \mathbf{t}, W, V) &= \frac{1}{2}\|\mathbf{y}-\mathbf{t}\|^2 = \frac{1}{2}\sum_{k=1}^{10}(\phi_{out}(u_k^{out}) - t_k)^2 \qquad (2.19)\\
&= \frac{1}{2}\big[(\phi_{out}(u_1^{out}) - t_1)^2 + (\phi_{out}(u_2^{out}) - t_2)^2 + \cdots \\
&\quad +(\phi_{out}(u_k^{out}) - t_k)^2 + \cdots + (\phi_{out}(u_{10}^{out}) - t_{10})^2\big] \\
&= \frac{1}{2}\left(\left[\phi_{out}\left(\sum_{j=0}^{30} v_{1,j}z_j\right) - t_1\right]^2 + \left[\phi_{out}\left(\sum_{j=0}^{30} v_{2,j}z_j\right) - t_2\right]^2\right. \\
&\quad + \cdots + \left[\phi_{out}\left(\sum_{j=0}^{30} v_{k,j}z_j\right) - t_k\right]^2 + \cdots \\
&\quad \left. + \left[\phi_{out}\left(\sum_{j=0}^{30} v_{10,j}z_j\right) - t_{10}\right]^2\right)
\end{aligned}
$$

이 문제에 대한 경사 하강법은 다음과 같이 정의할 수 있다.

$$
w_{j,i}^{(n+1)} = w_{j,i}^{(n)} - \eta\frac{\partial E_l^{(n)}}{\partial w_{j,i}}, \ 1 \le j \le 30, \ 0 \le i \le 784 \qquad (2.20)
$$

$$
v_{k,j}^{(n+1)} = v_{k,j}^{(n)} - \eta\frac{\partial E_l^{(n)}}{\partial v_{k,j}}, \ 1 \le k \le 10, \ 0 \le j \le 30. \qquad (2.21)
$$

식 (2.21)에 있는 $\frac{\partial E_l^{(n)}}{\partial v_{k,j}}$를 먼저 유도해보자. 위 식 (2.19) 에서 $v_{k,j}$를 포함하는 항은 하나만 있으므로, $1 \le k \le 10$, $0 \le j \le 30$에 대해서

$$
\begin{aligned}
\frac{\partial E_l}{\partial v_{k,j}} &= \frac{1}{2}\frac{\partial}{\partial v_{k,j}}\left[\phi_{out}\left(\sum_{j=0}^{30} v_{k,j}z_j\right) - t_k\right]^2 \qquad (2.22)\\
&= \left[\phi_{out}\left(\sum_{j=0}^{30} v_{k,j}z_j\right) - t_k\right]\phi'_{out}\left(\sum_{j=0}^{30} v_{k,j}z_j\right)z_j \\
&= \left[\phi_{out}\left(u_k^{out}\right) - t_k\right]\phi'_{out}\left(u_k^{out}\right)z_j = (y_k - t_k)\,\phi'_{out}\left(u_k^{out}\right)z_j.
\end{aligned}
$$

여기서 $\phi_{out}(u)$의 미분은 다음과 같다.

$$\phi'_{out}(u) = \left(\frac{1}{1+e^{-u}}\right)' = \frac{e^{-u}}{(1+e^{-u})^2}. \tag{2.23}$$

다음으로 식 (2.20)에 있는 $\frac{\partial E_l^{(n)}}{\partial w_{j,i}}$를 유도하기 위해 식 (2.19)를 좀 더 풀어서 다음과 같이 $w_{j,i}$의 함수로 나타내자.

$$\begin{aligned}
E_l(\mathbf{x}, \mathbf{t}, W, V) &= \frac{1}{2}\|\mathbf{y} - \mathbf{t}\|^2 = \frac{1}{2}\sum_{k=1}^{10}(\phi_{out}(u_k^{out}) - t_k)^2 \qquad (2.24)\\
&= \frac{1}{2}\big[(\phi_{out}(u_1^{out}) - t_1)^2 + (\phi_{out}(u_2^{out}) - t_2)^2 + \cdots\\
&+ (\phi_{out}(u_k^{out}) - t_k)^2 + \cdots + (\phi_{out}(u_{10}^{out}) - t_{10})^2\big]\\
&= \frac{1}{2}\left(\left[\phi_{out}\left(\sum_{j=0}^{30} v_{1,j}z_j\right) - t_1\right]^2 + \left[\phi_{out}\left(\sum_{j=0}^{30} v_{2,j}z_j\right) - t_2\right]^2 + \cdots\right.\\
&\left.+ \left[\phi_{out}\left(\sum_{j=0}^{30} v_{k,j}z_j\right) - t_k\right]^2 + \cdots + \left[\phi_{out}\left(\sum_{j=0}^{30} v_{10,j}z_j\right) - t_{10}\right]^2\right)\\
&= \frac{1}{2}\left(\left[\phi_{out}\left(v_{1,0} + \sum_{j=1}^{30} v_{1,j}\phi_{hidden}\left(\sum_{i=0}^{784} w_{j,i}x_i\right)\right) - t_1\right]^2\right.\\
&+ \left[\phi_{out}\left(v_{2,0} + \sum_{j=1}^{30} v_{2,j}\phi_{hidden}\left(\sum_{i=0}^{784} w_{j,i}x_i\right)\right) - t_2\right]^2 + \cdots\\
&+ \left[\phi_{out}\left(v_{k,0} + \sum_{j=1}^{30} v_{k,j}\phi_{hidden}\left(\sum_{i=0}^{784} w_{j,i}x_i\right)\right) - t_k\right]^2 + \cdots\\
&\left.+ \left[\phi_{out}\left(v_{10,0} + \sum_{j=1}^{30} v_{10,j}\phi_{hidden}\left(\sum_{i=0}^{784} w_{j,i}x_i\right)\right) - t_{10}\right]^2\right).
\end{aligned}$$

$1 \leq j \leq 30$, $0 \leq i \leq 784$에 대해서

$$\begin{aligned}
\frac{\partial E_l}{\partial w_{j,i}} &= \left[\phi_{out}\left(v_{1,0} + \sum_{j=1}^{30} v_{1,j}\phi_{hidden}\left(\sum_{i=0}^{784} w_{j,i}x_i\right)\right) - t_1\right] \\
&\quad \times \phi'_{out}\left(v_{1,0} + \sum_{j=1}^{30} v_{1,j}\phi_{hidden}\left(\sum_{i=0}^{784} w_{j,i}x_i\right)\right) v_{1,j}\phi'_{hidden}\left(\sum_{i=0}^{784} w_{j,i}x_i\right) x_i \\
&+ \left[\phi_{out}\left(v_{2,0} + \sum_{j=1}^{30} v_{2,j}\phi_{hidden}\left(\sum_{i=0}^{784} w_{j,i}x_i\right)\right) - t_2\right] \\
&\quad \times \phi'_{out}\left(v_{2,0} + \sum_{j=1}^{30} v_{2,j}\phi_{hidden}\left(\sum_{i=0}^{784} w_{j,i}x_i\right)\right) v_{2,j}\phi'_{hidden}\left(\sum_{i=0}^{784} w_{j,i}x_i\right) x_i \\
&+ \cdots \\
&+ \left[\phi_{out}\left(v_{k,0} + \sum_{j=1}^{30} v_{k,j}\phi_{hidden}\left(\sum_{i=0}^{784} w_{j,i}x_i\right)\right) - t_k\right] \\
&\quad \times \phi'_{out}\left(v_{k,0} + \sum_{j=1}^{30} v_{k,j}\phi_{hidden}\left(\sum_{i=0}^{784} w_{j,i}x_i\right)\right) v_{k,j}\phi'_{hidden}\left(\sum_{i=0}^{784} w_{j,i}x_i\right) x_i \\
&+ \cdots \\
&+ \left[\phi_{out}\left(v_{10,0} + \sum_{j=1}^{30} v_{10,j}\phi_{hidden}\left(\sum_{i=0}^{784} w_{j,i}x_i\right)\right) - t_{10}\right] \\
&\quad \times \phi'_{out}\left(v_{10,0} + \sum_{j=1}^{30} v_{10,j}\phi_{hidden}\left(\sum_{i=0}^{784} w_{j,i}x_i\right)\right) v_{10,j}\phi'_{hidden}\left(\sum_{i=0}^{784} w_{j,i}x_i\right) x_i \\
&= \left[\phi_{out}\left(u_1^{out}\right) - t_1\right] \phi'_{out}\left(u_1^{out}\right) v_{1,j}\phi'_{hidden}\left(u_j^{hidden}\right) x_i \\
&+ \left[\phi_{out}\left(u_2^{out}\right) - t_2\right] \phi'_{out}\left(u_2^{out}\right) v_{2,j}\phi'_{hidden}\left(u_j^{hidden}\right) x_i \\
&+ \cdots + \left[\phi_{out}\left(u_k^{out}\right) - t_k\right] \phi'_{out}\left(u_k^{out}\right) v_{k,j}\phi'_{hidden}\left(u_j^{hidden}\right) x_i \\
&+ \cdots + \left[\phi_{out}\left(u_{10}^{out}\right) - t_{10}\right] \phi'_{out}\left(u_{10}^{out}\right) v_{10,j}\phi'_{hidden}\left(u_j^{hidden}\right) x_i \\
&= \phi'_{hidden}\left(u_j^{hidden}\right) \sum_{k=1}^{10} \left(\left[\phi_{out}\left(u_k^{out}\right) - t_k\right] \phi'_{out}\left(u_k^{out}\right) v_{k,j}\right) x_i
\end{aligned} \tag{2.25}$$

$$= \phi'_{hidden}\left(u_j^{hidden}\right) \sum_{k=1}^{10} \left[(y_k - t_k)\phi'_{out}\left(u_k^{out}\right) v_{k,j}\right] x_i.$$

여기서 $\phi_{hidden}(u)$의 미분은 다음과 같다.

$$\phi'_{hidden}(u) = \left(\frac{1}{1+e^{-u}}\right)' = \frac{e^{-u}}{(1+e^{-u})^2}. \tag{2.26}$$

알고리즘 요약

$$\mathbf{E}(X,T,W,V) = \frac{1}{60000}\sum_{m=1}^{60000}\frac{1}{2}\|\mathbf{t}_m - f(\mathbf{x}_m, W, V)\|^2$$

1. 초기 가중값 $W^{(1)}, V^{(1)}$를 각각 크기가 30×785, 10×31 크기의 랜덤 값으로 초기화한다. 학습률 $\eta = 0.05$와 오차의 최솟값(tol), 최대반복횟수를 설정한다.

2. 6만개의 학습 이미지 데이터에 대해서 가중값 (W와 V)을 수정하는데 한 번에 한 개의 이미지 데이터에 대해서 가중 값을 수정한다.

현재 갖고 있는 가중값 $W^{(n)}, V^{(n)}$을 이용하여 다음 순서대로 구한다.

방정식 (2.11) 이용하여 $\mathbf{u}^{hidden} = W^{(n)}\mathbf{x}$,

방정식 (2.12) 이용하여 $\mathbf{z} = \phi_{hidden}(\mathbf{u}^{hidden})$,

방정식 (2.14) 이용하여 $\mathbf{u}^{out} = V^{(n)}\mathbf{z}$,

방정식 (2.15) 이용하여 $\mathbf{y} = \phi_{out}(\mathbf{u}^{out})$.

경사 하강법을 이용하여 가중치를 수정한다.

$$v_{k,j}^{(n+1)} = v_{k,j}^{(n)} - \eta \frac{\partial E_l^{(n)}}{\partial v_{k,j}} = v_{k,j}^{(n)} - \eta[(y_k - t_k)\,\phi'_{out}\left(u_k^{out}\right) z_j], \qquad (2.27)$$
$$1 \le k \le 10,\ 0 \le j \le 30,$$
$$w_{j,i}^{(n+1)} = w_{j,i}^{(n)} - \eta \frac{\partial E_l^{(n)}}{\partial w_{j,i}} \qquad (2.28)$$
$$= w_{j,i}^{(n)} - \eta \phi'_{hidden}\left(u_j^{hidden}\right) \sum_{k=1}^{10} \left[(y_k - t_k)\phi'_{out}\left(u_k^{out}\right) v_{k,j}^{(n)}\right] x_i,$$
$$1 \le j \le 30,\ 0 \le i \le 784.$$

3. 전체 학습이미지 데이터 X에 대하여 2과정을 모두 수행한 후 오차를 계산한다.

$$|\mathbf{E}(X, T, W^{(n+1)}, V^{(n+1)}) - \mathbf{E}(X, T, W^{(n)}, V^{(n)})|$$

4. 3에서 계산한 오차가 우리가 설정한 오차의 최솟값보다 크거나 n이 최대반복횟수보다 작으면 $n = n + 1$로 설정하고 과정 2, 3을 반복한다. 그렇지 않으면 학습을 끝낸다.

숫자 인식 테스트

다음 홈페이지에 있는 데이터와 Python 코드를 이용하여 숫자 인식 테스트를 수행해보자. http://elie.korea.ac.kr/~cfdkim/ML에서 `MLcode_python.zip`을 다운받아서 적당한 폴더에 저장한 후에 그폴더 안에 압축을 푼다. 압축을 푼 폴더 안에 있는 `learning_book.py` 파일을 Spyder에서 불러온 후에 F5로 실행시키면 경로 변경창이 뜨면 경로 변경을 해주면 된다. 이렇게 실행된 코드는 MNIST의 학습데이터를불러오고 학습을 해서 W와 V의 값을 구한다.

```
#learning_book.py
import numpy as np
import pickle
def mnist_load(filename):
    Images = open(filename+'images.bin','rb')
    Labels = open(filename+'labels.bin','rb')
    X = pickle.load(Images)/255.0
    T = pickle.load(Labels)
    Images.close()
    Labels.close()
    return (X,T)
def sigmoid(x):
return 1.0/(1.0+np.exp(-x))
def d_sigmoid(u):
    return np.exp(-u)/(1.0+np.exp(-u))**2
(X,T) = mnist_load('train')
```

```
input_node = 28*28
hidden_node = 30
output_node = 10
np.random.seed(10)
w = 0.1*(2*np.random.random((hidden_node,input_node+1))-1)
v = 0.1*(2*np.random.random((output_node,hidden_node+1))-1)
xl = np.ones((input_node+1,1))
z = np.ones((hidden_node+1,1))
y = np.ones((output_node,1))
eta = 0.05;MaxIter = 50;Tol=1.0e-10;Resid=Tol*2;
Iter=1;E1 = 0
for m in range(len(X)):
    xl[1:,0] = X[m]
    uh = np.dot(w,xl)
    z[1:,:] = sigmoid(uh)
    uo = np.dot(v,z)
    y = sigmoid(uo)
    t=np.zeros([output_node,1])
    t[T[m]] = 1.0
    E1 = E1+np.sum((y-t)**2)
E1=E1/len(T)
print('%i-th update and error is %f'%(Iter-1,E1))
while Resid>=Tol and Iter<=MaxIter:
    for m in range(len(X)):
```

```
        xl[1:,0] = X[m]
        uh = np.dot(w,xl)
        z[1:,:] = sigmoid(uh)
        uo = np.dot(v,z)
        y = sigmoid(uo)
        t=np.zeros([output_node,1])
        t[T[m]] = 1.0
        del_k = (y-t)*d_sigmoid(uo)
        dEdv = np.dot(del_k,z.T)
        del_j = d_sigmoid(uh)*np.dot(v[:,1:].T,del_k)
        dEdw = np.dot(del_j,xl.T)
        v = v-eta*dEdv
        w = w-eta*dEdw
    E2 = 0;
    for m in range(len(T)):
        xl[1:,0] = X[m]
        uh = np.dot(w,xl)
        z[1:,:] = sigmoid(uh)
        uo = np.dot(v,z)
        y = sigmoid(uo)
        t=np.zeros([output_node,1])
        t[T[m]] = 1.0
        E2 = E2+np.sum((y-t)**2)
```

```
    E2 = E2/len(T)
    Resid = abs(E2-E1)
    E1=E2
    print("%i-th update and error is %f" %(Iter,E1))
    Iter+=1
print("The learning is finished")
np.savez('learningdata', w=w,v=v)
```

6 만개의 이미지를 학습하여 구한 W와 V를 이용하여 제공한 이미지 파일(test.png)의 숫자를 예측하기위해 predict_book.py 파일을 실행한다.

```
#predict_book.py
import numpy as np
import matplotlib.pyplot as plt
import matplotlib.image as img
def sigmoid(x):
return 1/(1+np.exp(-x))
data = np.load('learningdata.npz')
w = data['w'];v = data['v'];
newdata = img.imread("test.png")
newdata = 1-newdata[:,:,0]
plt.imshow(newdata)
newX = np.ones([785,1]);
for i in range(0,28):
```

```
    newX[i*28+1:(i+1)*28+1,0] = newdata[i,:]
z = np.ones([31,1])
z[1:,:] = sigmoid(np.dot(w,newX))
y = sigmoid(np.dot(v,z))
predict_value=np.argmax(y)
print('New image is : %d'%(predict_value))
```

다음은 저자가 예측해 본 결과이다.

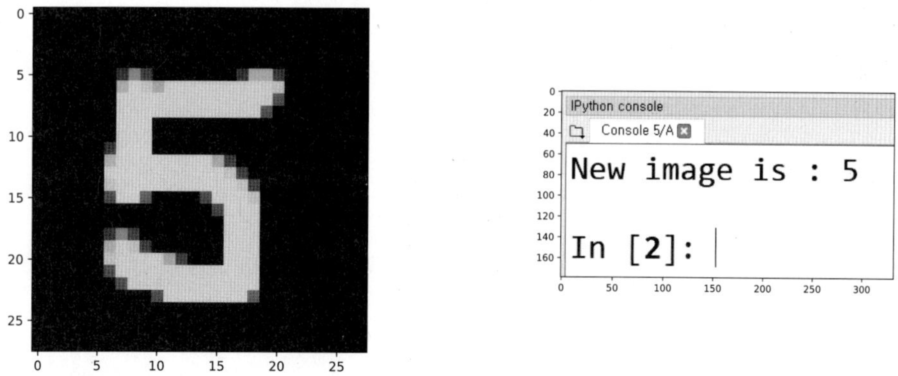

그림 2.25: 숫자 5를 예측한 결과.

위의 학습이 성공적으로 이루어 졌는지 확인하기 위해서 다음의 테스트를 진행하도록 하자. 테스트는 윈도우의 그림판을 이용하여 숫자를 그려보고, 파일로 저장한 후, 그 파일의 숫자를 성공적으로 인식하는 지 확인하는 것이다.

윈도우의 그림판은 시작메뉴 → 모든 프로그램 → 보조프로그램 안에 존재한다. 이를 클릭하여 실행하거나, 프로그램 및 파일 검색 부분에 "그림판" 또는 "mspaint.exe"를 검색하여 실행 가능하다.

그림판을 실행한 뒤에, 그림판의 크기를 조절하기 위하여 홈 메뉴탭의 크기 조정 아이콘을 클릭한다. 클릭한 후에 크기는 픽셀 단위로 선정하고, 크기

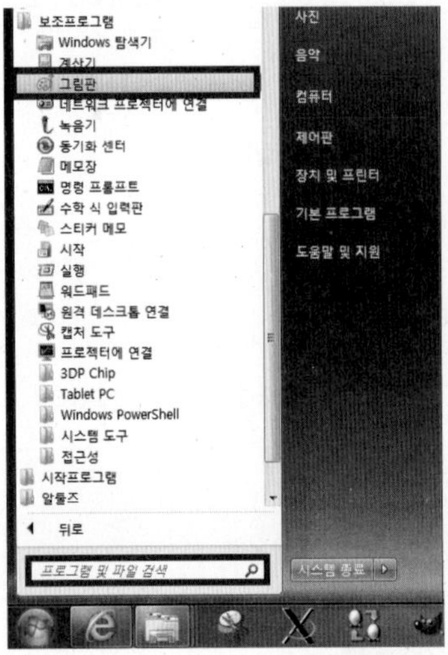

그림 2.26: 그림판 실행

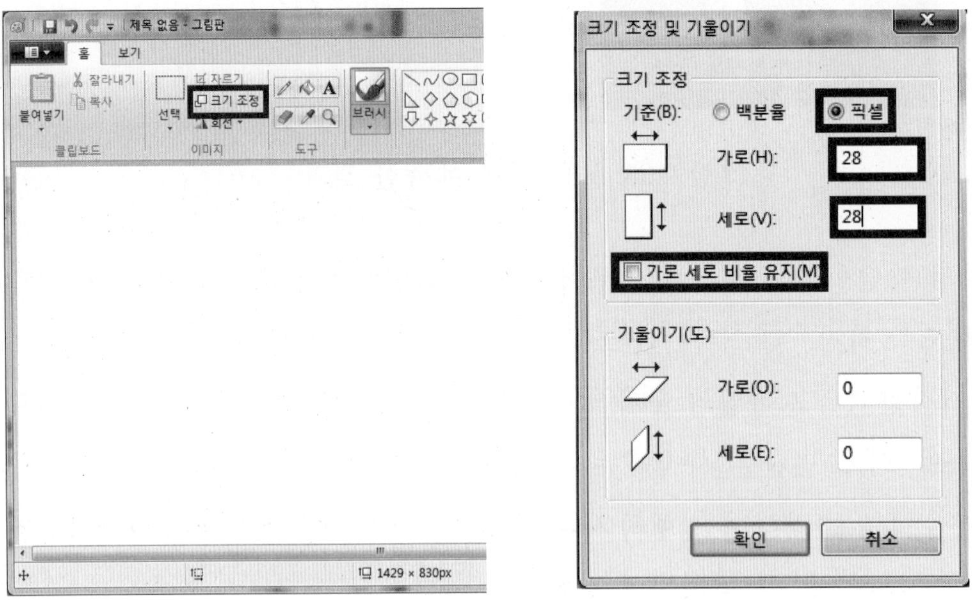

그림 2.27: 그림판 크기 조정

는 가로세로 비율 유지를 해제한 뒤 가로 28, 세로 28로 설정한다. 원하는 숫자를 연필 도구를 이용하여 그려주면 된다. 이 때, 연필의 두께는 기본 값인 1px보다는 2px를 사용하면 보다 정확한 인식률을 보인다.

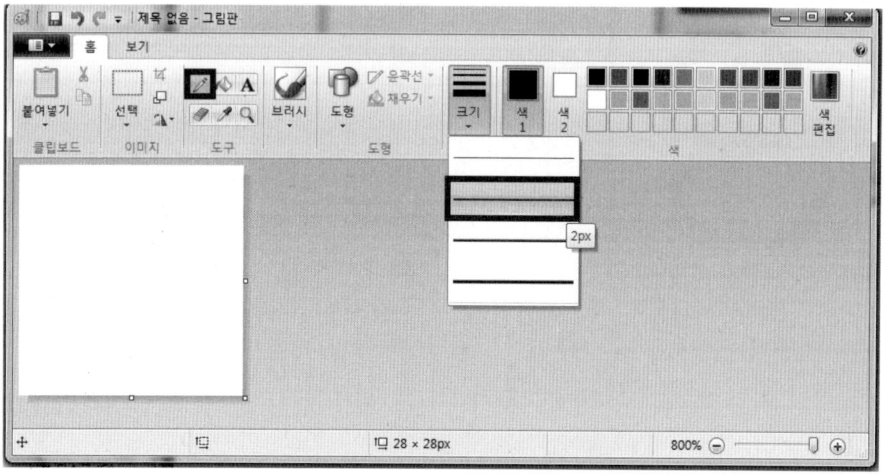

그림 2.28: 연필 두께 설정

원하는 숫자를 그린 후, 다른 이름으로 저장을 클릭하여 test.png 파일로저장하면 된다. 저장한 test.png 파일을 `predict_book.py` 파일 과 같은 폴더에 넣고, `predict_book.py`을 실행하면 된다.

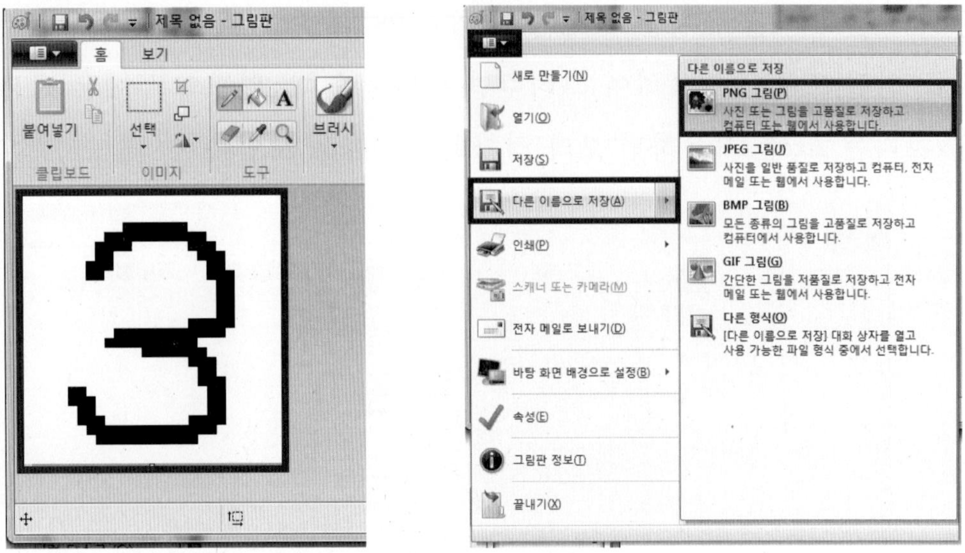

그림 2.29: 원하는 숫자 작성 및 test.png 파일 저장

3장

25시 이후에 더 해볼 문제

- 학습률(η) 변경을 통한 숫자 인식 성능 향상
- 반복 횟수를 변경하며 숫자 인식 성능 테스트
- 은닉층의 노드수를 변경하여 성능 테스트

참고 문헌

[1] 기초부터 활용까지 패턴인식과 기계학습, 박혜영, 이관용, 이한출판사, 2011.

[2] 패턴인식, 오일석, 교보문고, 2008.

[3] 밑바닥부터 시작하는 딥러닝, 사이토 고키 저, 개앞맵시 역, 한빛미디어, 2017

[4] 딥러닝 제대로 시작하기, 오카타니 타카유키 저, 심효섭 역, 제이펍, 2016

[5] 신경망 첫걸음, 타리크 라시드 저, 송교석 역, 한빛미디어, 2017

[6] `https://en.wikipedia.org/wiki/MNIST_database`

[7] `http://yann.lecun.com/exdb/mnist`

[8] `https://codeonweb.com/entry/12045839-0aa9-4bad-8c7e-336b89401e10`

[9] `http://solarisailab.com/archives/303`